Freies Schreiben
Sekundarstufe

Friedel Schardt
& Ulrike Stolz

W0470216

Die Beschreibung

11 Unterrichtseinheiten mit fix & fertigen Stundenbildern

Lernen mit Erfolg
KOHL VERLAG
www.kohlverlag.de

Nutzen Sie unseren bequemen Onlineshop!

• Ausführliche Informationen
• Aussagekräftige Leseproben
• Schnäppchen & besondere Angebote

www.kohlverlag.de

Die Beschreibung

11 Unterrichtseinheiten mit fix & fertigen Kopiervorlagen

3. Auflage 2015

© Kohl-Verlag, Kerpen 2010
Alle Rechte vorbehalten.

Inhalt: Friedel Schardt & Ulrike Stolz
Redaktionelle Überarbeitung: Moritz Quast & Tim Schrödel
Grafik & Satz: Kohl-Verlag
Druck: Medienhaus Plump GmbH, Rheinbreitbach

Bestell-Nr. 10 900

ISBN: 978-3-86632-900-3

Das Werk und seine Teile sind urheberrechtlich geschützt. Jede Nutzung in anderen als den gesetzlich zugelassenen Fällen bedarf der vorherigen schriftlichen Einwilligung des Verlages. Hinweis zu § 52a UrhG: Weder das Werk noch seine Teile dürfen ohne eine solche Einwilligung eingescannt und in ein Netzwerk eingestellt werden. Dies gilt auch für Intranets von Schulen und sonstigen Bildungseinrichtungen.

Inhalt

DIE BESCHREIBUNG
11 Unterrichtseinheiten mit fix und fertigen Kopiervorlagen – Bestell-Nr. 10 900
KOHL VERLAG

Gegenstandsbeschreibung

Gegenstände beschreiben – zur Didaktik der „Sache“

Wozu sollen die Kinder noch lernen, Gegenstände sprachlich zu erfassen, wo es doch andere Möglichkeiten der Erfassung und Mitteilung gibt. Der Griff zur Kamera, zur Webcam, zum Camcorder ist doch so einfach und das Ergebnis so eindeutig, dass eine sprachliche Erfassung immer schlechter ausfallen muss.

Muss?

Was wird eigentlich gesehen, wenn die Kamera klickt? Ein Bild, undifferenziert, ohne Akzent, ohne Gewissheit, dass und was erfasst wurde.

Schon in dieser Hinsicht ist eine sprachliche Erfassung eines Gegenstandes von Bedeutung. Sie erlaubt eben eine differenzierende und differenzierte Erfassung. Sie kann Akzente setzen, Präzision erreichen, die ein Bild eben nicht erreicht, da sie sich eines Mittels bedient, das schon ausgearbeitet wurde – sofern dieses Mittel beherrscht wird.

Und so wird ein zweiter Aspekt wichtig: Einen Gegenstand sprachlich erfassen heißt eben auch, sich der Sprache bedienen bzw. sich die Sprache erarbeiten, die eine solche Erfassung ermöglicht.

Und drittens, das wird jetzt deutlich, bedeutet der hier angesprochene Prozess eben auch eine genauere Ausarbeitung des Erfassens selbst. Wer in Sprache erfassen will, muss zuerst sehen. Daher ist es unumgänglich, Sprache und Wahrnehmung, Sehen und Versprachlichen, immer parallel zu sehen und auch auszuarbeiten. So wird schließlich eine Schärfung des bewussten Wahrnehmens erreicht.

<u>Zielsetzungen</u>

1. Die Schüler lernen, einen Gegenstand so zu beschreiben, dass die Leser ihres Textes den Gegenstand identifizieren können.
2. Sie wissen, dass man über Größe, Form, Farbe, Material, besondere Kennzeichen des Gegenstandes informieren muss, wenn man ihn genau beschreiben will.
3. Die Schüler beherrschen sprachliche Techniken, die es ihnen erlauben, Gegenstände genauer zu charakterisieren.
   - ⇨ Sie kennen die Möglichkeit, mittels treffender Adjektive bzw. durch angemessene Attribute Gegenstände/Personen genauer zu bezeichnen.
   - ⇨ Sie üben die Suche nach treffenden Verben.
   - ⇨ Sie lernen, mithilfe von Vergleichen Genauigkeit und Anschaulichkeit zu erzielen.
4. Die Schüler lernen, einen Beschreibungstext angemessen zu gliedern.

KOHL VERLAG Lernen mit Erfolg
DIE BESCHREIBUNG
11 Unterrichtseinheiten mit fix und fertigen Kopiervorlagen ■ Bestell-Nr. 10 900

1 Genau beschreiben

Informationen für den Lehrer

Als Einstieg bieten wir drei Möglichkeiten an, die auch kombiniert werden können.
Zielsetzung: Genaue Beschreibung erfordert genaues Hinsehen.

1. Möglichkeit

Die Lehrkraft bereitet ein „Schwarzes Brett“ vor unter dem Thema „Verloren — Gefunden“. An dieses Brett heftet sie verschiedene Zettel mit qualitativ verschiedenen Beschreibungen einzelner Gegenstände des „täglichen Schülerbedarfs“, die verloren gegangen sind. Zahlreiche verschiedene Gegenstände sind in einem Korb, aus dem die Schüler die beschriebenen Gegenstände finden sollen.

Impuls:

a) *Wählt einen Zettel mit einer Suchanzeige und sucht den entsprechenden Gegenstand.*
b) *Stellt fest, aufgrund welcher Aussagen des Zettels ihr euren Gegenstand genauer bestimmen konntet.*
c) *Falls ihr Probleme mit dem Auffinden habt, notiert Fragen, die ihr an den Verfasser des Zettels richten wollt.*

2. Möglichkeit

Fertigen Sie die Beschreibung eines Schulranzens an. Es ist darauf zu achten, wessen Ranzen beschrieben wurde und was ihn einmalig macht, damit er wiedererkannt wird.

3. Möglichkeit

Auf Folie wird ein „Schwarzes Brett“ an die Wand projiziert.

Impuls

a) *Wozu dienen diese Zettel am Schwarzen Brett?*
b) *Welchen der gesuchten Gegenstände würdet ihr wahrscheinlich erkennen? Welche könnte man zweifelsfrei identifizieren?*
c) *Wählt in Gruppen einen Zettel aus und sammelt Fragen, die ihr dem Schreiber noch stellen würdet.*

Folgende Hinweise können für die Seite 6 hilfreich sein:

a) *Die Besitzer der abhanden gekommenen Gegenstände wollen ihr Eigentum zurückhaben.*
b) *Nur zwei Dinge können zweifelsfrei identifiziert werden.*
c) *Es bleiben Fragen offen zu ...:*

<u>Fahrrad</u>: Rahmennummer? Besonderheiten? Farbe? Art?
<u>Turnschuhe</u>: Besondere Kennzeichen? Wann sind sie verloren gegangen?
<u>Armbanduhr</u>: Marke der Uhr? Besondere Merkmale? Auffälligkeiten? Form des Ziffernblattes und der Zeiger?
<u>Fortemonnaie</u>: Besondere Kennzeichen? Wann ist es verloren gegangen? Wo (ungefähr) ging es verloren?

<u>Das erste Kapitel dauert 3 Unterrichtsstunden</u>

Seiten	6/7	1. Unterrichtsstunde
Seiten	7/8	2. Unterrichtsstunde
Seite	9	3. Unterrichtsstunde

Diese Einteilung gilt nur als Richtwert, da die tatsächliche Unterrichtszeit von der Individualität Ihrer Schüler und deren eigenem Lerntempo abhängt. Die einzelnen Kopiervorlagen müssen nicht immer vollständig erarbeitet werden, um einen Lernerfolg zu erzielen.

1 Genau beschreiben

Suche

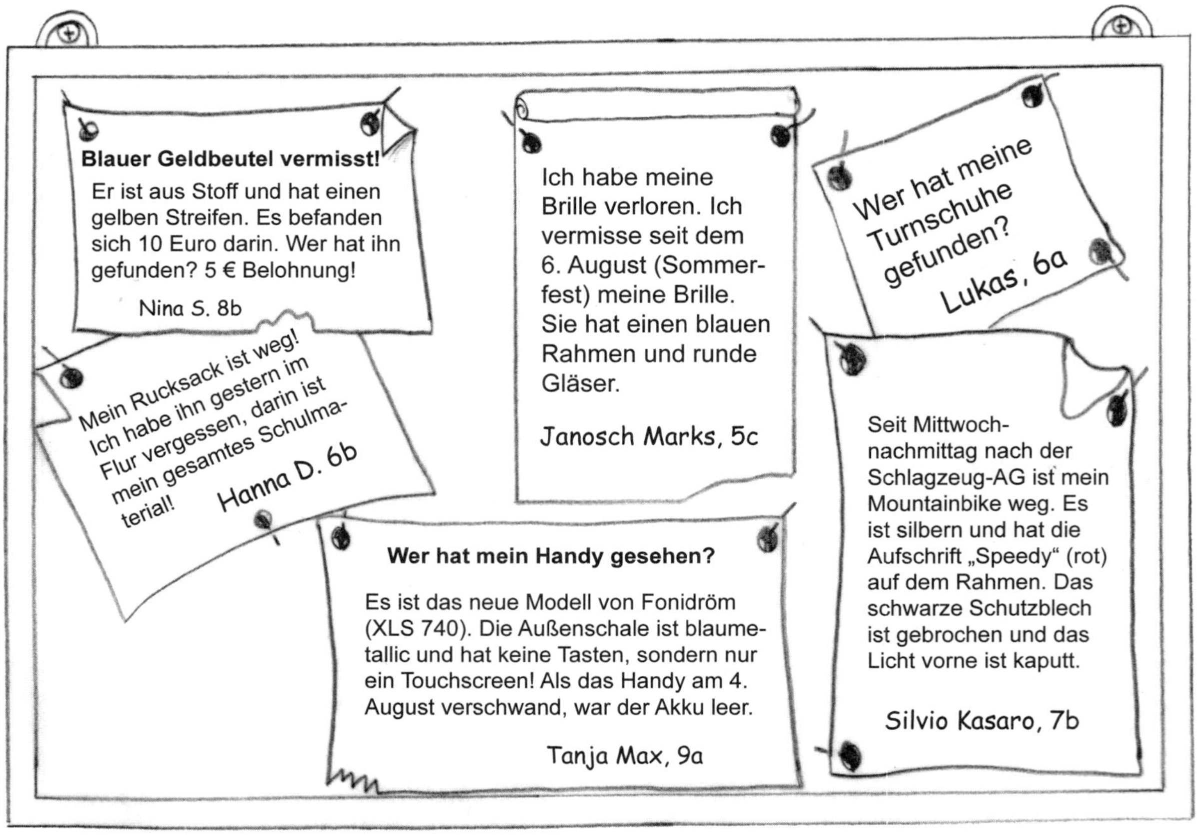

PA

Aufgabe 1: a) *Lest die Zettel am Schwarzen Brett aufmerksam durch.*

b) *Welche Schüler haben Chancen, ihre vermissten Gegenstände wiederzubekommen? Welche eher nicht?*

____

____

____

____

c) *Andere Gegenstände sind zu ungenau beschrieben. Stellt Fragen.*

Zum Fahrrad: ______________________________

Zu den Turnschuhen: ______________________________

Zur Armbanduhr: ______________________________

Zur Geldbörse: ______________________________

Zum Rucksack: ______________________________

DIE BESCHREIBUNG
11 Unterrichtseinheiten mit fix und fertigen Kopiervorlagen – Bestell-Nr. 10 900
KOHL VERLAG

1 Genau beschreiben

➔ Will man einen Gegenstand beschreiben, so muss man seine wesentlichen Merkmale benennen. Meist sind das Angaben ...

- ... zur Form
- ... zur Farbe
- ... zur Größe (möglicherweise Maßangaben!)
- ... vielleicht auch zum Material
- ... zum Alter.

➔ Besitzt der Gegenstand besondere Merkmale (auffallende Kennzeichen, Markierungen, Schäden ...), so wird man diese besonders hervorheben.

PA

Aufgabe 2: **a)** *Lest den Infokasten aufmerksam durch.*

b) *Beschreibt mit Hilfe dieses vorgegebenen Rasters euer Fahrrad oder einen anderen gut bekannten Gegenstand.*

Gegenstand: ______________________

Merkmal	Beschreibung
Form	
Farbe	
Größe	
Material	
Alter	
besondere Merkmale	

KOHL VERLAG
DIE BESCHREIBUNG
11 Unterrichtseinheiten mit fix und fertigen Kopiervorlagen – Bestell-Nr. 10 900

1 Genau beschreiben

PA

Aufgabe 3: **a)** *Betrachtet das Bild genau.*

b) *Beschreibt mit Hilfe des vorgegebenen Rasters den Fußball im Bild oben.*

Gegenstand: ______________________

Merkmal	Beschreibung
Form	
Farbe	
Größe	
Material	
Alter	
besondere Merkmale	

KOHL VERLAG
DIE BESCHREIBUNG
11 Unterrichtseinheiten mit fix und fertigen Kopiervorlagen – Bestell-Nr. 10 900

1 Genau beschreiben

EA

Aufgabe 4: *Beschreibe den abgebildeten Rucksack.*

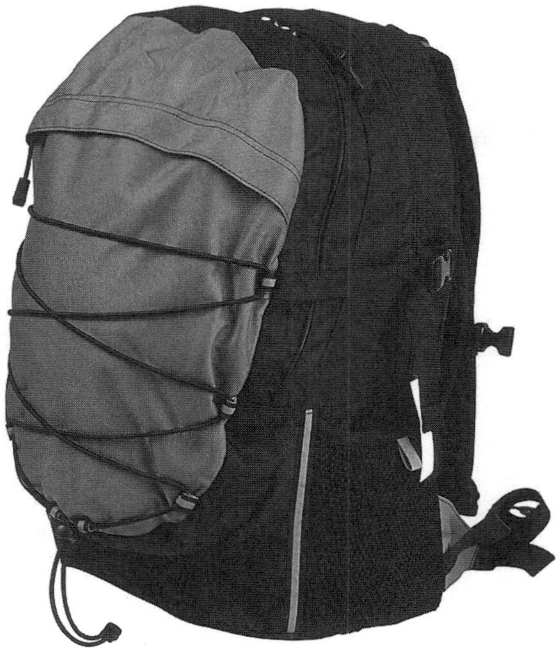

Gegenstand:

Merkmal	Beschreibung
Form	
Farbe	
Größe	
Material	
Alter	
besondere Merkmale	

KOHL VERLAG Lernen mit Erfolg
DIE BESCHREIBUNG
11 Unterrichtseinheiten mit fix und fertigen Kopiervorlagen – Bestell-Nr. 10 900

1 Genau beschreiben

EA

Aufgabe 5: *Beschreibe den abgebildeten Sportschuh.*

Gegenstand:

Merkmal	Beschreibung
Form	
Farbe	
Größe	
Material	
Alter	
besondere Merkmale	

KOHL VERLAG
DIE BESCHREIBUNG
11 Unterrichtseinheiten mit fix und fertigen Kopiervorlagen – Bestell-Nr. 10 900

2 Beschreibungen gliedern

Informationen für den Lehrer

Impuls

Dieses Kapitel wird mit der Besprechung der Aufgabe 3 von Seite 12 eröffnet. Die Besprechung lässt sich realistisch gestalten, wenn das jeweils vorgestellte Fahrrad auch im Fahrradständer gesucht (und: gefunden!) wird. Also: Es sollten zunächst nur Kinder vorlesen, die ihr Fahrrad dabei haben.

a) *Lest die Beschreibung eures Fahrrades vor.*
b) *Die Zuhörer machen sich Notizen.*

Ihr sollt nun am Fahrradständer mithilfe eurer Informationen das Fahrrad herausfinden. Wisst ihr alles, was ihr wissen müsst?

Hinweis

Möglicherweise (sogar recht wahrscheinlich!) muss ein zweites Mal vorgelesen werden, da das Anfertigen von Notizen nicht so ganz ernst genommen wurde. Dann aber sollte es möglich werden, das entsprechende Fahrrad zu identifizieren. Vor Ort wird dann geklärt, was konkret zur Identifizierung beigetragen hat. (Vielleicht auch: In welcher Reihenfolge man bei der Suche die Kennzeichen berücksichtigt hat (Größe, Farbe, Auffälligkeiten, Rahmennummer...). So lassen sich die in der vorausgehenden Stunde erarbeiteten Kriterien wiederholen.

So lässt sich festhalten, was für eine genauere Beschreibung notwendig ist:

Unumgänglich sind Angaben ...

- ... zur konkreten Form. Hier können auch gegenstandsspezifische Angaben verwendet werden (z.B. „Herrenrad", „Damenrad").
- ... zur Farbgebung.
- ... zur Größe. Hier können gegenstandsspezifische Standardangaben gemacht werden (z.B. „28er Räder").

In vielen Fällen sind Angaben zum Material sinnvoll, besonders, wenn es sich im konkreten Fall um eine besonderes, vom Üblichen abweichendes Material handelt (Beispiel: Leichtmetallfelgen...).

Besonders wichtig werden Merkmale, die den Gegenstand individuell kennzeichnen. Das können Markierungen, Kennnummern aber auch Beschädigungen sein.

<u>Das zweite Kapitel dauert 3 Unterrichtsstunden</u>

Seite 12	1. Unterrichtsstunde
Seite 13	2. Unterrichtsstunde
Seite 14	3. Unterrichtsstunde

Diese Einteilung gilt nur als Richtwert, da die tatsächliche Unterrichtszeit von der Individualität Ihrer Schüler und deren eigenem Lerntempo abhängt. Die einzelnen Kopiervorlagen müssen nicht immer vollständig erarbeitet werden, um einen Lernerfolg zu erzielen.

DIE BESCHREIBUNG
11 Unterrichtseinheiten mit fix und fertigen Kopiervorlagen – Bestell-Nr. 10 900
KOHL VERLAG

2 Beschreibungen gliedern

PA

Aufgabe 1: *Bei der Suche habt ihr nicht nach allen Kennzeichen zugleich sehen können. In welcher Reihenfolge habt ihr denn die einzelnen Informationen berücksichtigt? Wie ist dein Partner vorgegangen?*

____

____

____

EA

Aufgabe 2: *Wie wird man nun die Beschreibung eines Gegenstandes gliedern?*

Gesamterscheinung oder Einzelheiten ?

Wähle: **1.** ____

2. ____

➔ Wenn man einen Gegenstand beschreibt, kann man die Beschreibung so gliedern:

1. Gesamterscheinung des Gegenstandes, Art, Material, Farbe, Form:
   Es handelt sich um ein Herrenfahrrad der Marke ZYX mit blau-grau marmoriertem Rahmen, Edelstahlfelgen und Aluminiumschutzblechen
2. Einzelheiten des Gegenstandes *(mögliche Anordnung)*:
   - räumlich: von vorn nach hinten, von oben nach unten, von außen nach innen, ... : Am schwarz eingefärbten Sportlenker sind Zusatzhörner sowie ein Tacho, Marke Cateye, eine Halterung für eine Zusatzleuchte und eine Klingel ohne Klingelknopf montiert. Die Vorderradgabel ist doppelt gefedert. Das Vorderrad ist mit Schnellverschluss -Schrauben befestigt.
   - Entsprechend der Wichtigkeit der Teile: Rahmen, Felgen, Gabel, Lenker...
   - Vom Auffallenden zum weniger Auffallenden oder umgekehrt: Besonders auffallen dürfte die Zusatzgepäcktasche, welche fest auf dem Gepäckträger montiert ist.

EA

Aufgabe 3: *Fertige nun, nachdem du den Info-Kasten aufmerksam gelesen hast, von deinem Fahrrad eine Beschreibung in genau dieser Reihenfolge an. Schreibe in dein Heft/in deinen Ordner.*

DIE BESCHREIBUNG
11 Unterrichtseinheiten mit fix und fertigen Kopiervorlagen • Bestell-Nr. 10 900
KOHL VERLAG

Das Fahrrad wurde gefunden!

Aufgabe 4: *Vergleiche deine Beschreibung mit dem abgebildeten Fahrrad. Welche Unterschiede stellst du fest?*

EA

____

____

____

____

____

Aufgabe 5: **a)** *Höre die Beschreibung des Fahrrades deines Tischnachbarn. Welche Gemeinsamkeiten haben eure beiden Räder?*

PA

____

____

____

____

____

b) *Entwerft gemeinsam eine Beschreibung des oben abgebildeten Fahrrades auf einem Extrablatt.*

DIE BESCHREIBUNG
11 Unterrichtseinheiten mit fix und fertigen Kopiervorlagen – Bestell-Nr. 10 900
KOHL VERLAG

Beschreiben – beschreiben – beschreiben

EA

Aufgabe 6: *Beschreibe die folgenden vier Gegenstände möglichst genau.*

A

B

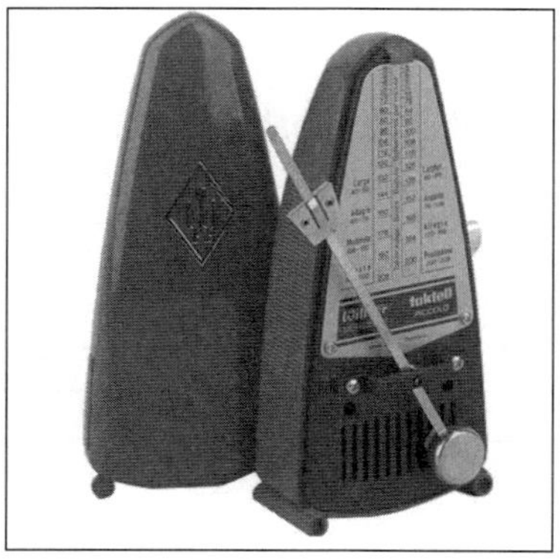

C

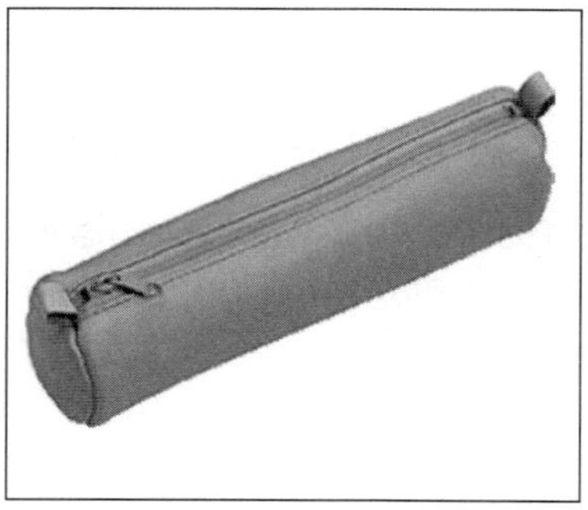

D

KOHL VERLAG
DIE BESCHREIBUNG
11 Unterrichtseinheiten mit fix und fertigen Kopiervorlagen – Bestell-Nr. 10 900

3 Die Form genauer beschreiben

Informationen für den Lehrer

Ziel dieses Kapitels ist es, Strategien zu untersuchen und zu erwerben, die es erlauben, eine fremde, unbekannte Form dadurch genauer sprachlich darzustellen, dass man sie mit einer bekannten, geläufigen Form in Zusammenhang bringt. Das Mittel des Vergleichs wird ergänzt durch sprachliche Operationen, die aus dem Vergleich hervorgehen (... förmig, -ig-Ableitung [kugelig])

Vor allem Wörter bzw. Wortgruppen wie „zylinderförmig“, röhrenförmig, Pyramidenähnlich, Form eines Quaders... sind hilfreich. Es wird untersucht, wie man vorgeht, wenn man eine solche „Technik“ der Verdeutlichung nutzt. Gegebenenfalls werden Zeichnungen vorgegeben:

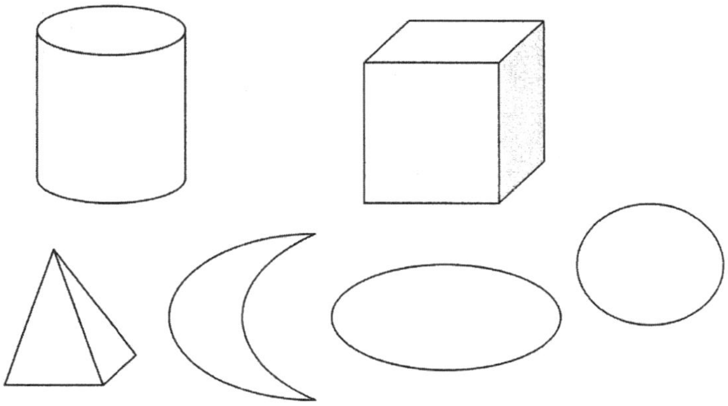

Als Ergebnis könnte abstrakt formuliert werden:

> Wenn man die grobe Form eines Gegenstandes beschreiben soll, sucht man nach einer allgemein bekannten Form, die ähnlich ist, und benennt zunächst diese. Oft greift man auf Formen aus der Geometrie zurück. (Kreis, Ellipse, Pyramide, Quader...) Aber auch andere bekannte Formen aus Natur und Technik werden herangezogen (Pfeil, Pilz, Walze, Säule, Ei...). Man benennt den Gegenstand und fügt „-förmig“ hinzu (pilzförmig, lanzenförmig, hufeisenförmig...).

Die in Arbeitsblatt Seite 16 gefundenen Adjektive können gesammelt werden als Fundus für spätere Aufgaben.

Aus der Geometrie könnten z.B. abgeleitet werden: kreisrund, dreieckig, viereckig, quadratisch, rechteckig ...

Aus Naturformen werden abgeleitet: pilzförmig, geschuppt, gewellt ...

Als präzisierende Adjektive könnten u.a. genannt werden: stufenförmig, gezackt, ballonförmig, glockenförmig, muschelförmig, kerzengerade, sichelförmig ...

Das dritte Kapitel dauert 1 Unterrichtsstunde

Seite 16/17 — 1. Unterrichtsstunde

> Diese Einteilung gilt nur als Richtwert, da die tatsächliche Unterrichtszeit von der Individualität Ihrer Schüler und deren eigenem Lerntempo abhängt. Die einzelnen Kopiervorlagen müssen nicht immer vollständig erarbeitet werden, um einen Lernerfolg zu erzielen.

3 Die Form genauer beschreiben

Welche Form liegt vor?

EA

Aufgabe 1: *Finde passende Adjektive zur Form.*

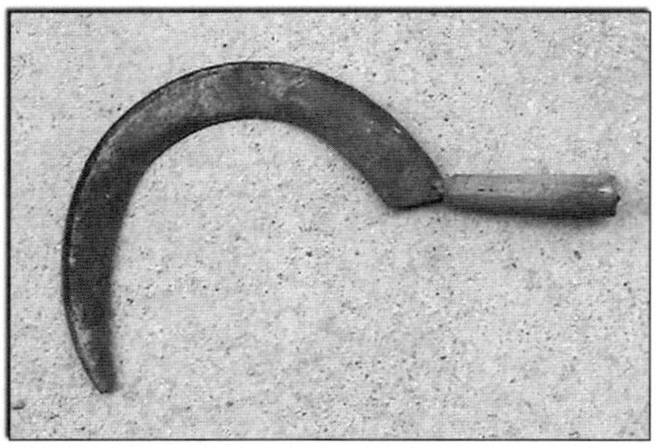

a) ______________________________

____

____

b) ______________________________

____

____

c) ______________________________

____

____

d) ______________________________

____

____

e) ______________________________

____

____

f) ______________________________

____

____

KOHL VERLAG Lernen mit Erfolg
DIE BESCHREIBUNG
11 Unterrichtseinheiten mit fix und fertigen Kopiervorlagen • Bestell-Nr. 10 900

3 Die Form genauer beschreiben

EA

Aufgabe 2: *Beschreibe die Form der Einzelteile. Benutze dabei Bezeichnungen für allgemein bekannte Formen.*

A

B

C

D

DIE BESCHREIBUNG
11 Unterrichtseinheiten mit fix und fertigen Kopiervorlagen – Bestell-Nr. 10 900
KOHL VERLAG Lernen mit Erfolg

4 Die Farbe macht‘s

Informationen für den Lehrer

Manchmal kommt es schon darauf an, ob ein Gegenstand hell- oder dunkelgrün, giftgrün oder eher lindgrün ist. In diesem Kapitel sollen solche Unterschiede bewusst gemacht werden. Das ist natürlich nur möglich, wenn auch entsprechende sprachliche Möglichkeiten verfügbar sind. Einstieg in die Einheit ist das Arbeitsblatt auf Seite 19.

Im zweiten Schritt wird nun untersucht, wie die Genauigkeit bei der Beschreibung der Farben erreicht wurde bzw. erreicht werden kann.

Impuls

Wie habt ihr die Farben beschrieben?

a) *Welche Wörter habt ihr benutzt?*
b) *Treffen diese Wörter exakt die gemeinte Farbe?*
c) *Sind da genauere Charakterisierungen möglich?*
d) *Sammelt solche Charakterisierungen von Farben und Farbtönen.*

Hinweis

Zunächst werden die Vorschläge für die Charakterisierung von Farben und Farbtönen gesammelt. (Sollten schon früh verschiedenartige Vorschläge gemacht werden, könnte man gleich unterscheidend gruppieren.)

Sind genügend Vorschläge zusammengekommen, kann man abstrakt zusammenfassen und an der Tafel festhalten:

> Manchmal kommt es bei der genaueren Beschreibung eines Gegenstandes auf eine exakte Charakterisierung der Farbe(n) an. Dann genügt es nicht mehr, einfach nur die „Grundfarbe“ (z. B.: „grün“) zu nennen.
>
> Es gibt verschiedene Möglichkeiten, eine Farbe genauer zu bezeichnen:
>
> 1. Man nennt die verwandte Grundfarbe und sagt, inwieweit die konkrete Farbe abweicht. (Beispiel: rot => dunkelrot, hellrot...)
> 2. Man nennt die beiden Grundfarben, zwischen denen die konkrete Farbe angesiedelt ist. (Beispiel: grün - gelb => gelbgrün oder grüngelb, je nachdem, wo der Akzent liegt)
> 3. Man nennt einen allgemein bekannten Gegenstand, für den die konkrete Farbe typisch ist. (Beispiel: grasgrün, blutrot...)

<u>Das vierte Kapitel dauert 4 Unterrichtsstunden</u>

Seiten 19/20	1. Unterrichtsstunde
Seiten 20/21	2. Unterrichtsstunde
Seiten 22/23	3. Unterrichtsstunde
Seiten 23/24	4. Unterrichtsstunde

Diese Einteilung gilt nur als Richtwert, da die tatsächliche Unterrichtszeit von der Individualität Ihrer Schüler und deren eigenem Lerntempo abhängt. Die einzelnen Kopiervorlagen müssen nicht immer vollständig erarbeitet werden, um einen Lernerfolg zu erzielen.

DIE BESCHREIBUNG
KOHL VERLAG

4 Die Farbe macht‘s

EA

Aufgabe 1: **a)** *Male beide Gegenstände in möglichst vielen Farben exakt an.*

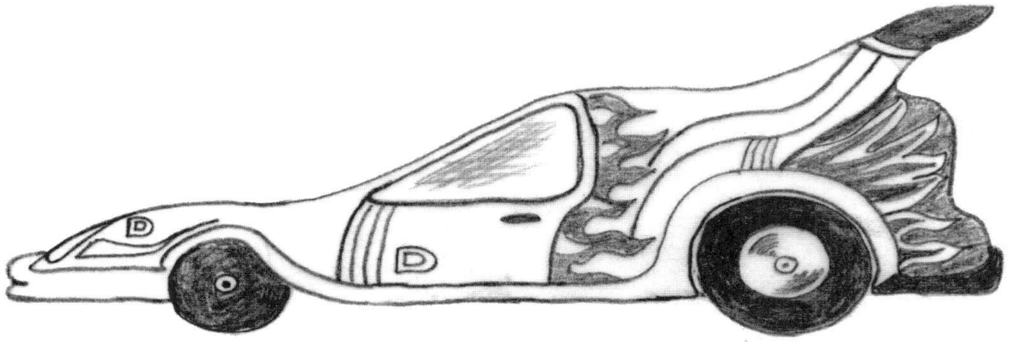

b) *Beschreibe deinen Superrennflitzer im Heft/Ordner.*

c) *Beschreibe dieses Skateboard ganz genau im Heft/Ordner.*

PA

Aufgabe 2: *Vergleiche deine Beschreibungen mit denen deines Nachbarn. Wo habt ihr ...*

Gemeinsamkeiten	Unterschiede

DIE BESCHREIBUNG
11 Unterrichtseinheiten mit fix und fertigen Kopiervorlagen – Bestell-Nr. 10 900
KOHL VERLAG

4 Die Farbe macht‘s

Farben können viele verschiedene Schattierungen haben. Zum Beispiel:
grau: silbergrau, mausgrau, aschgrau, nebelgrau, stahlgrau, bleigrau ...

Aufgabe 3: **a)** *Sammelt soviele Nuancen einer Farbe wie möglich.*

rot: ______________________________

____

____

gelb: ______________________________

____

____

grün: ______________________________

____

____

blau: ______________________________

____

____

b) *Faltet jetzt den unteren Blattteil zurück, betrachtet die Lösung und ergänzt eure Liste oder die Lösungsliste.*

Knicklinie - Blatt vor dem Lesen knicken! Nur als Hilfestellung benutzen! - Knicklinie

- -

Farben genauer darstellen:

rot:	feuerrot, weinrot, dunkelrot, blutrot, korallenrot, zinnoberrot, kirschrot, purpurrot
gelb:	quittegelb, dottergelb, maisgelb, safrangelb, senfgelb, zitronengelb
grün:	moosgrün, lindgrün, schilfgrün, flaschengrün, tannengrün, giftgrün, olivgrün
blau:	kobaltblau, veilchenblau, meerblau, kornblumenblau, königsblau, himmelblau, nachtblau

DIE BESCHREIBUNG
11 Unterrichtseinheiten mit fix und fertigen Kopiervorlagen – Bestell-Nr. 10 900
KOHL VERLAG Lernen mit Erfolg

4 Die Farbe macht‘s

GA **Aufgabe 4:** *Bildet vier Gruppen, wählt je einen Vogel aus und beschreibt ihn. Tipp: Ihr könnt euch auch eine farbige Abbildung aus Büchern oder aus dem Internet auswählen.*

A

B

C

D

GA **Aufgabe 5:** *Nachdem jeder von euch einen Vogel beschrieben hat, lest eure Beschreibung der Gruppe vor und lasst raten, um welchen Vogel es sich handelt.*

Tipp: Auf der zweiten Umschlagseite befinden sich die farbigen Bilder zu dieser Aufgabe!

Entwirf ein Narrenkostüm

EA

Aufgabe 6: **a)** *Gestalte dieses Kostüm farbig und/oder zeichne ein eigenes.*

b) *Beschreibe dein Kostüm. Du weißt, es kommt besonders auf die Farben an.*

PA

Aufgabe 7: *Beschreibt euch gegenseitig eure Lieblingscomicfigur, ohne deren Namen zu nennen. Der Partner muss raten, worum es sich handelt.*

KOHL VERLAG
DIE BESCHREIBUNG
11 Unterrichtseinheiten mit fix und fertigen Kopiervorlagen – Bestell-Nr. 10 900

Die Kuckucksuhr

EA

Aufgabe 8: **a)** *Beschreibe die Gesamtform des Gegenstandes auf dem Bild.*

- Haus/Dach: ______________________________

____

- Fenster (Größe, Lage): ______________________________

____

- Ziffernblatt/Ziffern: ______________________________

____

- Perpendikel: ______________________________

____

- Verzierungen (Form, Lage): ______________________________

____

- Kuckuck (?): ______________________________

____

b) *Schreibe aus deinen Stichworten oben einen fortlaufenden Text.*

____

____

____

____

____

____

____

____

____

KOHL VERLAG Lernen mit Erfolg
DIE BESCHREIBUNG
11 Unterrichtseinheiten mit fix und fertigen Kopiervorlagen – Bestell-Nr. 10 900

Der Cityroller

EA

Aufgabe 9: *Beschreibe den Roller auf dem Bild.*

a) Notiere zunächst die Teile, die alle Cityroller (dieses Typs) haben.

____

____

____

____

____

____

____

____

b) Was ist das Besondere im konkreten Fall?

- Lenker: ____
- Federung: ____
- Bereifung: ____
- Trittfläche: ____
- Hinteres Schutzblech: ____

c) Besitzt du auch einen solchen Roller? Oder kennst du einen Freund, der einen solchen Roller besitzt? Beschreibe diesen Roller genau.

____

____

____

____

____

KOHL VERLAG
DIE BESCHREIBUNG
11 Unterrichtseinheiten mit fix und fertigen Kopiervorlagen – Bestell-Nr. 10 900

5 Mit treffenden Verben beschreiben

Informationen für den Lehrer

Eröffnung

Das Problem des Kapitels wird eröffnet mit einem Gespräch über das berühmte „Schweizer Messer“. Die Lehrperson bringt ein solches Messer mit. (Bitte unbedingt die jeweiligen Sicherheitsbestimmungen beachten!)

Impuls

Wer kennt das „Schweizer Messer“? Beschreibt, was ein „Schweizer Messer“ ist. Ihr sollt euch dabei an dem konkreten Messer orientieren.

1. Flaschenöffner
2. kleine Klinge
3. große Klinge
4. Kapselheber
5. Schere
6. Korkenzieher

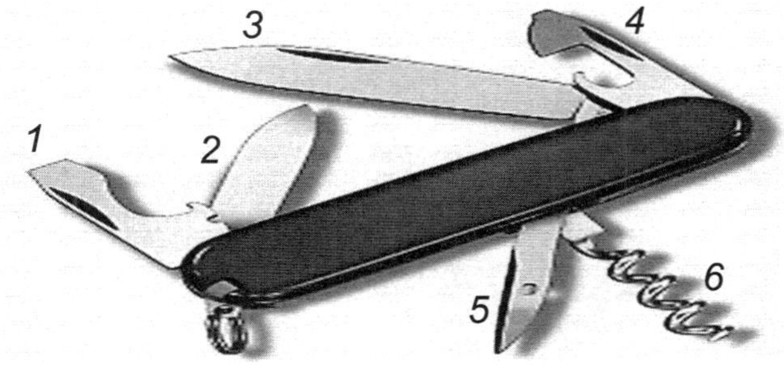

Hinweis

Die Schüler werden zunächst die Einzelteile mehr oder weniger richtig benennen. Gegebenenfalls kann man ihnen dabei helfen und die ergänzende Skizze von oben mit dem OHP wiedergeben. Beim Versuch der Beschreibung werden sich die „befindet sich“, „ist angebracht“ und ähnliche Formulierungen häufen.

Beschreibungen braucht man nicht nur, wenn ein Gegenstand abhanden gekommen ist. Oft findet man auch in Verkaufskatalogen solche Beschreibungen. Zwar kann man dort Gegenstände abbilden, aber wenn es darum geht, Besonderheiten darzustellen oder hervorzuheben, greift man doch lieber zur sprachlichen Beschreibung. Werbetexte sind daher eine hervorragende Möglichkeit, die Schüler zu motivieren, sich mit Beschreibungen auseinanderzusetzen. Dabei sollen die Schüler für abwechslungsreiche Verben sensibilisiert werden. Die oben genannten Begriffe („ist“, „befindet sich“, „ist angebracht“) lassen sich durch eine Beschreibung des Zwecks, der Funktion oder der Art und Weise der Ausstattung verhindern und mit „interessanten“ Sätzen füllen. Gelegentlich ist eine solche Begrifflichkeit aber auch gewollt und richtig.

<u>Das fünfte Kapitel dauert 4 Unterrichtsstunden</u>

Seite 26	1. Unterrichtsstunde
Seite 27	2. Unterrichtsstunde
Seite 28	3. Unterrichtsstunde
Seite 29	4. Unterrichtsstunde

Diese Einteilung gilt nur als Richtwert, da die tatsächliche Unterrichtszeit von der Individualität Ihrer Schüler und deren eigenem Lerntempo abhängt. Die einzelnen Kopiervorlagen müssen nicht immer vollständig erarbeitet werden, um einen Lernerfolg zu erzielen.

5 Mit treffenden Verben beschreiben

Die Katalogmütze

PA

Aufgabe 1: *Was fällt euch an dieser Mütze auf?*
Hier habt ihr zwei Katalogtexte. Lest sie genau.

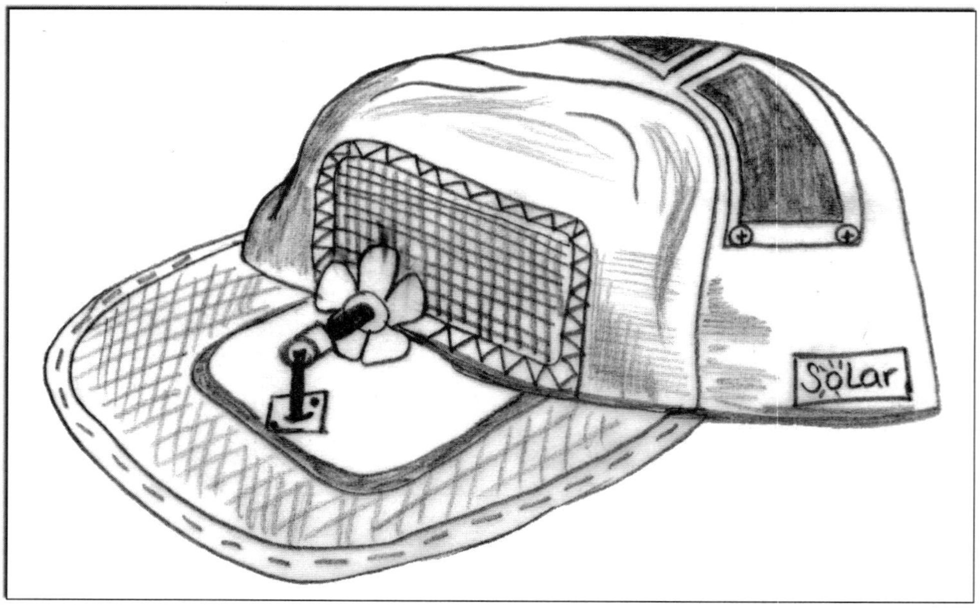

Text 1:

Der äußeren Form nach entspricht die Solarmütze der berühmten amerikanischen Baseballmütze. Die Stirnseite ist aus robustem, weißem Baumwollstoff gefertigt, während das Kopfteil aus besonders luftdurchlässigem Netzstoff besteht. Ein großer, ebenfalls aus Baumwollstoff hergestellter Schirm schützt die Augen vor blendender Sonne. Ein das Schweißband verlängernder, verstellbarer Riegel erlaubt es, die Mütze allen Kopfweiten anzupassen. Das Besondere dieser Mütze stellt ein auf dem Schirm montierter Miniventilator dar, dessen leise laufender Motor auf der Oberseite der Mütze montierte Solarzellen antreiben. Zusätzlich durch ein Klettband einsetzbare Stirnpolster können mit Wasser getränkt werden und so durch ihre Feuchtigkeit die erfrischende Wirkung des Luftzugs erhöhen. Zwei Mignon-Batterien können bei fehlender Sonne als Ersatzenergiequelle dienen.

Text 2:

Die Stirnseite sowie der große Schirm bestehen aus weißem Baumwollstoff. Das Kopfteil besteht aus luftdurchlässigem Netzstoff. Auf dem Schirm und dem Kopfteil befindet sich ein Miniventilator. Auf dem Kopfteil sitzen Solarzellen, die den Ventilator antreiben. An der Rückseite ist ein verstellbarer Riegel angebracht. Mit ihm kann die Mütze an verschiedene Kopfweiten angepasst werden. An der Stirnseite befindet sich ein Stirnpolster, welches mit Wasser getränkt werden kann. Für die Zeit ohne Sonne können zwei Mignon-Batterien angebracht werden, die als Energiequelle dienen.

KOHL VERLAG DIE BESCHREIBUNG 11 Unterrichtseinheiten mit fix und fertigen Kopiervorlagen • Bestell-Nr. 10 900

5 Mit treffenden Verben beschreiben

PA

Aufgabe 2: **a)** *Vergleicht erst einmal, was euch bei den beiden Texten besonders auffällt.*

Text 1	Text 2

b) *Der Autor des ersten Textes hat Verben wie „befindet sich", „ist angebracht" usw. vermieden. Wie hat er das gemacht? Stellt die Formulierungen gegenüber!*

Text 1	Text 2
... ist gefertigt ...	... besteht aus ...

KOHL VERLAG Lernen mit Erfolg
DIE BESCHREIBUNG
11 Unterrichtseinheiten mit fix und fertigen Kopiervorlagen – Bestell-Nr. 10 900

5 Mit treffenden Verben beschreiben

Kaffee- und Dampfmaschine

Bei Beschreibungen werden leider viel zu oft Begriffe wie „ist“, „befindet sich“ oder „ist angebracht“ wiederholt. Diese kann man oft schon dadurch vermeiden, dass man den **Zweck** angibt, dem das jeweilige Teil dient: Man kann auch Angaben über die **Funktion und die Art und Weise** machen,

... z.B. über den Zweck:

NICHT „An der Stirnseite befindet sich ein großer Schirm.“
BESSER: „Ein großer Schirm schützt die Augen vor Sonnenlicht.“

... z.B. über die Funktion, Art und Weise:

NICHT „Am Rahmen befinden sich Befestigungskrallen.“
BESSER: „Die Befestigungskrallen sind fest mit dem Rahmen verschweißt.“

EA

Aufgabe 3: *Lies den oberen Infokasten aufmerksam! Beschreibe eure Kaffeemaschine, ohne dabei „befindet sich“ oder „ist angebracht“ zu verwenden.*

PA

Aufgabe 4:

Beschreibt die Funktion der Dampfmaschine in eurem Heft/Ordner. Beachtet dabei die Ziffern zur Reihenfolge. Ihr könnt euch Hilfe aus dem Internet oder aus dem Lexikon holen.

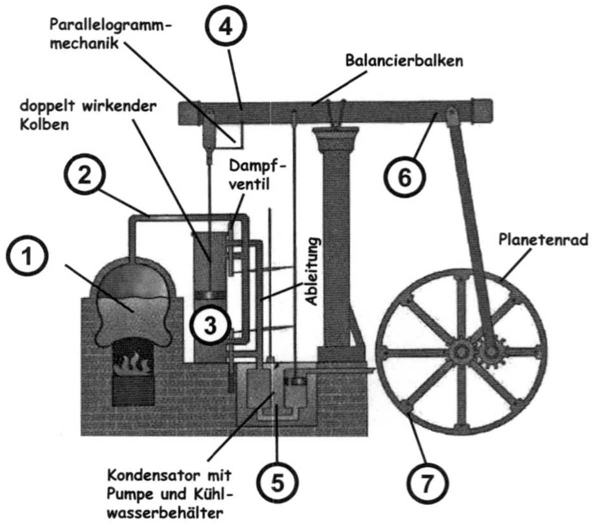

DIE BESCHREIBUNG
KOHL VERLAG

5 Mit treffenden Verben beschreiben

Original Schweizer Taschenmesser im Angebot

GA

Aufgabe 5: *Verfasst gemeinsam einen Katalogtext für dieses Messer.*

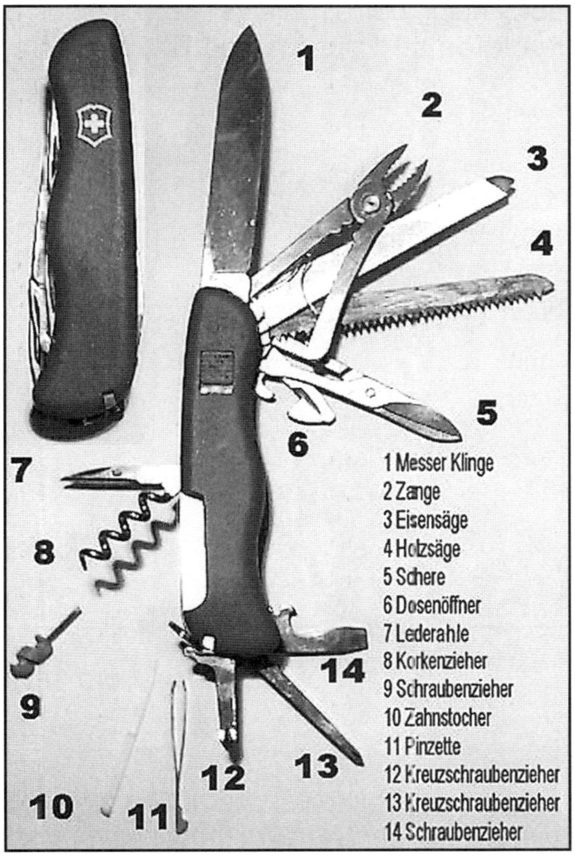

Bildquelle: http://de.wikipedia.org/wiki/Schweizer_Messer

TIPP:

So könnt ihr dabei vorgehen:

- Stellt zuerst die Einzelheiten und ihre Funktionen zusammen.
- Überlegt, was über das Messer als Ganzes gesagt werden soll: Material, Anwendungsbereiche etc..
- Gliedert euer Material.

DIE BESCHREIBUNG
11 Unterrichtseinheiten mit fix und fertigen Kopiervorlagen – Bestell-Nr. 10 900
KOHL VERLAG

6 Erfolgskontrolle

EA

Aufgabe 1: a) *Beschreibe den folgenden Allzweckrucksack in einem für einen Verkaufskatalog bestimmten Text möglichst genau.*

b) *Das folgende Etui soll ebenfalls in diesem Katalog angeboten werden. Verfasse einen Text, der das Etui möglichst umfassend beschreibt.*

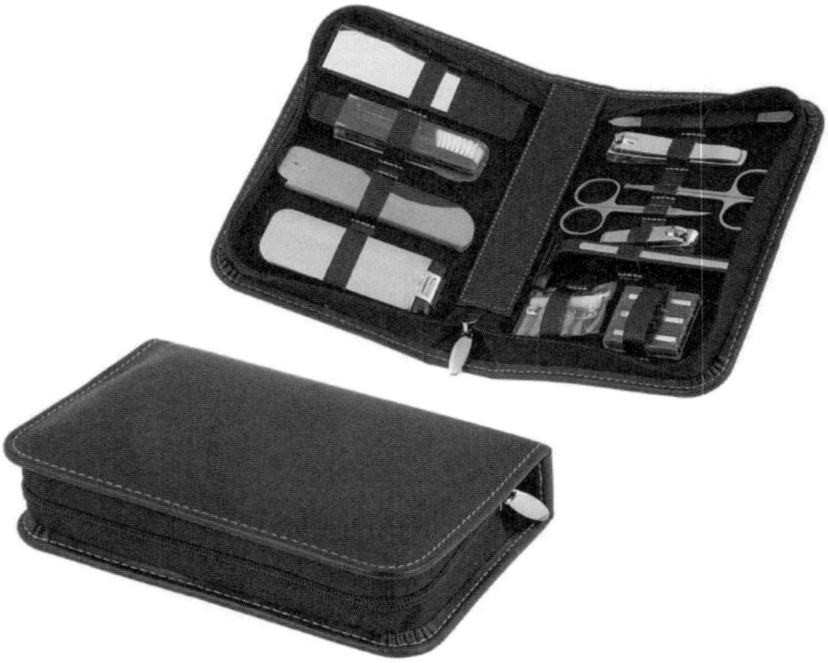

DIE BESCHREIBUNG
KOHL VERLAG

6 Bewertungsbogen zur Gegenstandsbeschreibung

Erfassen des Gegenstandes	volle Punktzahl *(50 Punkte)*	erreichte Punktzahl
Gesamteindruck/Benennung des Gegenstandes	**5**	
Grundeigenschaften *(Größe, Farbe, Form, Material, Beschaffenheit ...)*	**10**	
Wichtige Teile/Teilgegenstände	**4**	
Zusammenhänge zwischen den Teilen *(räumlich, funktional)*	**3**	
Besondere Eigenschaften/Merkmale des Gegenstandes	**3**	

Sprachliche Darstellung		
Genaue Bezeichnung durch treffende Nomen/Substantive	**4**	
Charakterisierung der Adjektive (Farbgebung ...)	**6**	
Wahl treffender Verben	**5**	

Gliederung		
Erkennbares Prinzip	**4**	
Anordnung der Einzelaussagen	**6**	

Gegebenenfalls: Abzug wegen persönlicher Bewertungen		**(- 3)**

Gesamtpunkte:	**50**	

Diese Bewertungskriterien können von Ihnen natürlich beliebig ergänzt bzw. gekürzt werden. Auch die Schwerpunkte in der Gewichtung unterliegen Ihrer freien Entscheidung, da nur Sie selbst entscheiden können, wie individuell Ihre Klasse ist. Daher verstehen sich die angegebenen Punkte nur als Vorschläge!

DIE BESCHREIBUNG
11 Unterrichtseinheiten mit fix und fertigen Kopiervorlagen – Bestell-Nr. 10 900
KOHL VERLAG

Personenbeschreibung

Personen beschreiben – zur Didaktik der „Sache“

Wozu sollen die Kinder noch lernen, Gegenstände sprachlich zu erfassen, wo es doch andere Möglichkeiten der Erfassung und Mitteilung gibt. Der Griff zur Kamera, zur Webcam, zum Camcorder ist doch so einfach und das Ergebnis so eindeutig, dass eine sprachliche Erfassung immer schlechter ausfallen muss.

Muss?

Was wird eigentlich gesehen, wenn die Kamera klickt? Ein Bild, undifferenziert, ohne Akzent, ohne Gewissheit, dass und was erfasst wurde.

Schon in dieser Hinsicht ist eine sprachliche Erfassung eines Gegenstandes von Bedeutung. Sie erlaubt eben eine differenzierende und differenzierte Erfassung. Sie kann Akzente setzen, Präzision erreichen, die ein Bild eben nicht erreicht, da sie sich eines Mittels bedient, das schon ausgearbeitet wurde – sofern dieses Mittel beherrscht wird.

Und so wird ein zweiter Aspekt wichtig: Einen Gegenstand sprachlich erfassen heißt eben auch, sich der Sprache bedienen bzw. sich die Sprache erarbeiten, die eine solche Erfassung ermöglicht.

Und drittens, das wird jetzt deutlich, bedeutet der hier angesprochene Prozess eben auch eine genauere Ausarbeitung des Erfassens selbst. Wer Sprache erfassen will, muss zuerst sehen. Daher ist es unumgänglich, Sprache und Wahrnehmung, Sehen und Versprachlichen, immer parallel zu sehen und auch auszuarbeiten. So wird schließlich eine Schärfung des bewussten Wahrnehmens erreicht.

<u>Zielsetzungen</u>

1. Die Schüler lernen, personenspezifische Merkmale wahrzunehmen und sprachlich zu fassen.
2. Die Schüler lernen, personenspezifische Merkmale anschaulich darzustellen (Vergleiche, Bilder ... zu nutzen).
3. Die Schüler kennen Zusammenhänge zwischen Verhalten und personenspezifischer Eigenschaft. Sie lernen, solche Eigenschaften darzustellen, indem sie entsprechende Verhaltensweisen exemplarisch darstellen.

KOHL VERLAG Lernen mit Erfolg
DIE BESCHREIBUNG

7 Gesamteindruck und Detailwahrnehmung

Informationen für den Lehrer

Wir eröffnen das Kapitel mit einer Figur, die wahrscheinlich alle Schüler kennen. Die Lehrperson liest den folgenden Text schrittweise vor. Dabei werden Namen und Bezeichnungen, die zu einer allzu schnellen Identifizierung führen könnten, ausgelassen.

Mögliche Lehrerfrage: *Woran habt ihr gemerkt, dass es um Pippi Langstrumpf geht?*

Hinweis

Die Schüler werden wohl das beschriebene Aussehen bzw. Einzelheiten der Beschreibung nennen. Die genannten Einzelheiten werden offen gesammelt. Nach der Malaufgabe folgt das Unterstreichen.

Der/die Unterrichtende wird darauf zu achten haben, dass hier genaue Textarbeit einsetzt. Unterstrichen werden in verschiedenen Farben:

- Haare: Farbe wie eine Möhre, in zwei feste Zöpfe geflochten, die vom Kopf abstanden
- Nase: dieselbe Form wie eine ganz kleine Kartoffel und ... völlig mit Sommersprossen übersät
- (über die Augen erfahren wir nichts)
- Mund: riesig breit; gesunde, weiße Zähne
- Beine: lang, dünn, lange Strümpfe, einen geringelten und einen schwarzen

(zu Seite 36) Vorläufig wird man mit Bezeichnungen wie „Zöpfe“, „Lockenkopf“, „Pony“ usw. zufrieden sein. Allerdings sollten wir damit rechnen, dass die Schüler schon recht spezielle Bezeichnungen für einzelne Frisuren beibringen.

Gegebenenfalls wird man etwas nachhelfen, besonders wenn es um die Länge der Haare geht. Hier bietet sich unter anderem an: weit über die Schultern reichend, schulterlang, Bürstenschnitt, Pagenschnitt ... . Die Frisur könnte unter anderem bezeichnet werden mit: links/rechts gescheitelt, Mittelscheitel, glatt gekämmt, (leicht) gewellt, gelockt, gekräuselt, in Zöpfen geflochten, zu einem Pferdeschwanz zusammengebunden, seitlich abstehende Zöpfe/Zöpfchen ... .

Das siebte Kapitel dauert 2 Unterrichtsstunden

Seiten	34/35	1. Unterrichtsstunde
Seite	36	2. Unterrichtsstunde

Diese Einteilung gilt nur als Richtwert, da die tatsächliche Unterrichtszeit von der Individualität Ihrer Schüler und deren eigenem Lerntempo abhängt. Die einzelnen Kopiervorlagen müssen nicht immer vollständig erarbeitet werden, um einen Lernerfolg zu erzielen.

DIE BESCHREIBUNG
11 Unterrichtseinheiten mit fix und fertigen Kopiervorlagen – Bestell-Nr. 10 900
KOHL VERLAG

7 Gesamteindruck und Detailwahrnehmung

Pippi Langstrumpf

EA

Aufgabe 1: *Lies den Text aufmerksam durch.*

...] da wurde die Gartentür zur Villa Kunterbunt geöffnet, und ein kleines Mädchen kam heraus. Das war das merkwürdigste Mädchen, das Thomas und Annika je gesehen hatten, und es war Pippi Langstrumpf, die zu ihrem Morgenspaziergang herauskam. Sie sah so aus:
Ihr Haar hatte dieselbe Farbe wie eine Möhre und war in zwei feste Zöpfe geflochten, die vom Kopf abstanden. Ihre Nase hatte dieselbe Form wie eine ganz kleine Kartoffel und war völlig mit Sommersprossen übersät. Unter der Nase saß ein wirklich riesig breiter Mund mit gesunden weißen Zähnen. Ihr Kleid war sehr komisch. Pippi hatte es selbst genäht. Es war wunderschön gelb; aber weil der Stoff nicht gereicht hatte, war es zu kurz, und so guckte eine blaue Hose mit weißen Punkten darunter hervor. An ihren langen dünnen Beinen hatte sie ein Paar lange Strümpfe, einen geringelten und einen schwarzen. Und dann hatte sie ein Paar schwarze Schuhe, die genau doppelt so groß waren wie ihre Füße. Die Schuhe hatte ihr Vater in Südamerika gekauft, damit sie etwas hätte, in das sie hineinwachsen könnte, und Pippi wollte niemals andere haben. Worüber Thomas und Annika besonders die Augen aufsperrten, das war der Affe, der auf der Schulter des fremden Mädchens saß. Es war eine kleine Meerkatze mit blauen Hosen, gelber Jacke und einem Strohhut.

(Text und Abb. aus:Astrid Lindgren, Pippi Langstrumpf, mit Bildern von Rolf Rettich; © 1970 Oetinger Verlag, Hamburg S.13 f.)

EA

Aufgabe 2:
- *Das Bild ist leider nur schwarz-weiß. Male es farbig aus.*
- *Falls du nicht weißt, in welchen Farben du welchen Gegenstand ausmalen sollst, dann lies einfach noch einmal im Text nach.*

EA

Aufgabe 3: *Unterstreiche alle Textteile, die das Aussehen von Pippi besonders anschaulich darstellen. Nimm verschiedene Farben für die einzelnen Körperteile.*

7 Gesamteindruck und Detailwahrnehmung

PA

Aufgabe 4: *Lest die folgenden Info-Kästen aufmerksam durch.*

A

Will man eine Person so gut beschreiben, dass der Leser sie sich richtig vorstellen kann, so muss man möglichst genau das Aussehen und vor allem die auffälligen Besonderheiten darstellen. Besonderheiten sind die Merkmale, die die Person von anderen besonders deutlich unterscheidet.

B

Will man die „Besonderheiten" und Auffälligkeiten besonders anschaulich zur Sprache bringen, kann man einprägsame Vergleiche heranziehen.

PA

Aufgabe 5: *Gebt das, was ihr gerade gelesen habt, mit euren eigenen Worten wieder.*

A = ______________________________

____

____

B = ______________________________

____

____

EA

Aufgabe 6: *Beschreibe Pippi Langstrumpf mit den Worten Astrid Lindgrens, ihrer Schöpferin! Schreibe in dein Heft/in deinen Ordner.*

PA

Aufgabe 7: *Vergleicht eure Beschreibungen. Fällt euch dabei etwas auf?*

____

____

DIE BESCHREIBUNG
11 Unterrichtseinheiten mit fix und fertigen Kopiervorlagen – Bestell-Nr. 10 900
KOHL VERLAG

7 Gesamteindruck und Detailwahrnehmung

Frisuren

A

B

C

D

EA

Aufgabe 8: *Beschreibe! Beachte dabei besonders die Länge der Haare und die Form der Frisur.*

A = ____________________

____

____

____

B = ____________________

____

____

____

C = ____________________

____

____

____

D = ____________________

____

____

____

EA

Aufgabe 9: *Finde in Zeitschriften andere Frisuren, klebe sie in dein Heft und beschreibe sie möglichst genau.*

8 Detailbeschreibung

Informationen für den Lehrer

In diesem Kapitel geht es darum, Einzelheiten genau darzustellen. Zu diesem Zweck werden Formulierungsmöglichkeiten gesammelt und in verschiedenen Übungen angewendet.

Impuls für das Arbeitsblatt Seite 38

Wenn man Menschen beschreibt, sollte man auch ihr Gesicht genauer darstellen. Hier gibt es verschiedene Teile, die recht unterschiedlich sein können.

1. *Welche Teile des Gesichtes wird man besonders beschreiben müssen?*
2. *Worauf wird man noch zu achten haben, wenn man ein Gesicht beschreibt?*
3. *Beschreibt nun die Gesichter auf Seite 38 möglichst genau. (Wenn ihr wollt, könnt ihr auch geeignete Vergleiche heranziehen.)*

Antworten:

1. Stirn (hoch, fliehend, niedrig, Falten...); Augen (Farbe, Form), Augenbrauen (dicht, nachgezogen, gezupft...); Nase (Stupsnase, Hakennase, breit, dünn, schmal...); Wangen (eingefallen, hervorstehende Wangenknochen, Pausbacken...); Mund (schmal, wulstige Lippen, breit, ...); Kinn; gegebenenfalls: Bart (Farbe, Schnitt – Vollbart...)
2. auf besondere Auffälligkeiten (Narben, Pickel; Gesamtform (oval, rund, eckig, kantig)
3. individuelle Antworten

Impuls für das Arbeitsblatt Seite 39:

Mit einem Phantombild hat man die Möglichkeit, eine wörtliche Beschreibung zu unterstützen. Eine Beschreibung mit Worten ist notwendig, da ein Bild keine Aussagen über die Größe und das Verhältnis einzelner Teile zueinander oder die Farben machen kann. Ein Bild allerdings kann einzelne Dinge besonders verdeutlichen und vorstellbar machen, so z.B. die Mimik und Gestik einer Person.

<u>Das achte Kapitel dauert 3 Unterrichtsstunden</u>

Seiten	38/39	1. Unterrichtsstunde
Seite	40	2. Unterrichtsstunde
Seite	41	3. Unterrichtsstunde

Diese Einteilung gilt nur als Richtwert, da die tatsächliche Unterrichtszeit von der Individualität Ihrer Schüler und deren eigenem Lerntempo abhängt. Die einzelnen Kopiervorlagen müssen nicht immer vollständig erarbeitet werden, um einen Lernerfolg zu erzielen.

DIE BESCHREIBUNG
11 Unterrichtseinheiten mit fix und fertigen Kopiervorlagen – Bestell-Nr. 10 900
KOHL VERLAG

8 Detailbeschreibung

Wie sah der noch genau aus?

PA

Aufgabe 1: **a)** *Findet Worte für die folgenden Gesichtsformen.*

1. ______________ **2.** ______________ **3.** ______________ **4.** ______________

______________ ______________ ______________ ______________

b) *Beschreibt jetzt die Einzelheiten genauer! Wählt ein Gesicht aus.*

____

____

____

____

____

> Hast du folgende Eigenschaften bei deiner Beschreibung berücksichtigt?
>
> ➔ Stirn, Augen, Augenbrauen, Backen(-knochen), Nase, Mund(-form), Kinn

PA

Aufgabe 2: *Beschreibe das Gesicht deines Lieblingsschauspielers (-stars). Lasse anschließend deinen Partner raten, um wen es sich handelt.*

____

____

____

____

____

____

KOHL VERLAG DIE BESCHREIBUNG 11 Unterrichtseinheiten mit fix und fertigen Kopiervorlagen – Bestell-Nr. 10 900

8 Detailbeschreibung

A B C D

EA

Aufgabe 3: *Beschreibe bei den folgenden vier Personen ...*

a) *... die Frisur bzw. die Haare.*

A = ______________________________

B = ______________________________

C = ______________________________

D = ______________________________

b) *... das Gesicht.*

A = ______________________________

B = ______________________________

C = ______________________________

D = ______________________________

c) *... Auffallendes an der Kleidung.*

A = ______________________________

B = ______________________________

C = ______________________________

D = ______________________________

DIE BESCHREIBUNG
11 Unterrichtseinheiten mit fix und fertigen Kopiervorlagen – Bestell-Nr. 10 900
KOHL VERLAG

8 Detailbeschreibung

PA

Aufgabe 4: **a)** *Lest den folgenden Zeitungsartikel aufmerksam durch.*

WER KENNT DIESEN MANN?

STUTTGART (rpd). Im Zusammenhang mit dem Banküberfall in der Innenstadt am letzten Mittwoch wird die Bevölkerung um Mithilfe bei der Fahndung nach dem Täter gebeten. Durch detaillierte Zeugenaussagen konnte ein Fahndungsfoto erstellt werden. Der Täter ist zwischen 30 und 35 Jahre alt und etwa 1,90 Meter groß. Er hat hellbraune, glatte Haare, die über den Ohren liegen. Er trägt einen Mittelscheitel und einen Vollbart. Der Täter trug zur Tatzeit eine dunkelblaue Jeans mit einem Loch am linken Knie. Dazu trug er ein schwarzes verwaschenes Sweatshirt, grün-braune Schutzhandschuhe und weiße Turnschuhe. Alle Hinweise, die mit dem Täter und dem Banküberfall zusammenhängen, nimmt die Polizei Stuttgart entgegen.

b) *Warum wird hier die Person mit Worten beschrieben, wo man doch schon ein recht gutes Phantombild hat?*

____

____

____

c) *Unterstreicht die Teile des Textes, die weitere Informationen über den Täter liefern, die nicht in dem Phantombild zu erkennen sind!*

d) *Schreibt diese zusätzlichen Informationen hier heraus.*

____

____

____

e) *Was leistet das Phantombild zusätzlich zu den im Text enthaltenen Angaben?*

KOHL VERLAG
DIE BESCHREIBUNG
11 Unterrichtseinheiten mit fix und fertigen Kopiervorlagen ■ Bestell-Nr. 10 900

Selbstdarstellung

EA

Aufgabe 5: **a)** *Nimm einen Spiegel, zeichne ein Phantombild von dir selbst und beschreibe in einem Steckbrief dich selbst.*

Mein Phantombild:

Meine Selbstbeschreibung:

____

____

____

____

____

____

____

b) *Zeige das Ergebnis deinen Eltern, ohne ihnen zu sagen, wer dargestellt wird. Können sie dich identifizieren?*

DIE BESCHREIBUNG
11 Unterrichtseinheiten mit fix und fertigen Kopiervorlagen – Bestell-Nr. 10 900
KOHL VERLAG

9 Ganz genau darstellen

Informationen für den Lehrer

Noch genauer darstellen: Und das alles in Sprache fassen

In diesem Kapitel geht es vor allem darum, sprachliche Formulierungen zu sammeln, die eine genauere Darstellung der Einzelheiten des menschlichen Äußeren gewährleisten.

Impuls

Ihr solltet einen Steckbrief von euch selbst anfertigen (Kap. 8, Seite 41, Aufgabe 5).

a) *Zeigt eure Phantombilder.*
b) *Lest eure Texte vor.*
c) *Welche Formulierungen werden benutzt, um Einzelheiten ganz deutlich darzustellen?*

Hinweis

Im Rahmen dieser Besprechung wird das bisher Erarbeitete vertieft. Insbesondere werden die „Formulierungslisten“ ergänzt. Damit wird der nächste Schritt vorbereitet, der als erneute Zusammenfassung und Vertiefung zu sehen ist. Gleichzeitig wird in diesem Schritt versucht, an die „Lebenswirklichkeit“ anzubinden.

In einem weiteren Gespräch sollte immer wieder darauf hingewiesen werden, dass es dabei nur um äußere Merkmale, nicht um Charaktereigenschaften geht!

Der letzte Punkt der Liste könnte nun schon über die äußerlichen Merkmale hinaus führen. Im nächsten Schritt soll dieser Punkt ausgeweitet und besonders untersucht werden. Dabei sollte man sich stets klar sein, dass man, wenn man „typische Verhaltensweisen“ beschreibt, schon nahe an den Charaktereigenschaften ist. Vielleicht geht man über lustige Texte die Sache am besten an. Hier ein Vorschlag (Ein Blick in die „Lausbubengeschichten“ von Hans Thoma lässt uns auf weitere gut geeignete Beispiele stoßen. Auch Mark Twain stellt seine Figuren in dieser Weise vor.)

> Oft sind ganz bestimmte Verhaltensweisen in besonderen Situationen „typisch“ für eine Person. So kann man eine Person auch dadurch kennzeichnen, dass man sie in ihrem Verhalten in bestimmten Situationen vorführt. Dabei kann es sich um Alltagssituationen (Warten auf den Bus, in der Schlange im Supermarkt, beim Frühstück...) oder um ganz besondere Situationen (Aufregung, Spannung...) handeln.

In der Literatur finden sich unzählige Beispiele für Personenbeschreibungen. Hier einige Vorschläge:

Felix Dahn: Totila und Hildebrand, in: Eoin Kampf um Rom; Neuer Kaiser Verlag, Klagenfurt 1978 S.6 / Thomas Mann: Eliezer; in: Joseph und seine Brüder, Bd.1 Fischer TB, Fischer Ffm 1980, S. 296 f. / Aschenbach, in: Tod in Venedig, zweites Kapitel; Schlussteil / J.W.v.Goethe, Klinger; in: Hamburger Ausgabe Bd.10, S.12 – 14 / Theodor Fontane, Stine; in: Stine, dtv 2005, S.38 f. / Michael Ende, Momo: Erzähleingang / Natürlich ist hier auch Erich Kästner zu nennen!

Das neunte Kapitel dauert 3 Unterrichtsstunden

Seite 43	1. Unterrichtsstunde
Seite 44	2. Unterrichtsstunde
Seite 45	3. Unterrichtsstunde

Diese Einteilung gilt nur als Richtwert, da die tatsächliche Unterrichtszeit von der Individualität Ihrer Schüler und deren eigenem Lerntempo abhängt. Die einzelnen Kopiervorlagen müssen nicht immer vollständig erarbeitet werden, um einen Lernerfolg zu erzielen.

Noch mehr Einzelheiten

GA

Aufgabe 1: *Die Polizei benutzt für die Beschreibung von Personen einen „Fragebogen“, der für die genauere Beschreibung einzelner Merkmale bestimmte Formulierungshilfen bereitstellt. Hier einige Auszüge aus diesem Bogen. Ergänzt die Formulierungshilfen durch die Wörter, die ihr gesammelt habt! Wenn euch weitere einfallen, fügt sie auch hinzu.*

Kopfform:	Kreisel-, Rauten-, Pyramidenform; viereckig; rechteckig; oval
Kopfhaar:	hell-, mittel-, dunkelblond; braun; rot; grau; weiß; dicht; schütter; glatt; wellig; gelockt; kraus; struppig; lang; kurz; Scheitel rechts; bürstenförmig; hochstehend; Glatze; Halbglatze; Bubikopf
Bart:	glatt rasiert; lang/kurz geschnittener Schnurrbart; Backenbart; Vollbart; Kinnbart
Gesicht:	Farbe auffallend bleich (gebräunt); sommersprossig; pickelig; Form rund (oval, eckig); vorstehende Backenknochen
Stirn:	sehr hoch; sehr niedrig; fliehend; senkrecht; vorspringend
Augen:	blau; grau; gelb; hellbraun; dunkelbraun; schielend; Tränensäcke
Augenbrauen:	schräg nach oben; waagerecht; bogenförmig; zusammengewachsen; buschig; spärlich
Nase:	Rücken eingebogen; gradlinig; ausgebogen; winklig; wellig; sehr klein; sehr dick; sehr spitz; aufgestülpt
Ohren:	sehr groß; sehr klein; dreieckig; viereckig; rund; oval; abstehend; Ohrläppchen angewachsen; durchlocht
Mund:	sehr klein; sehr groß; breite; schmale; wulstige Lippen; stark vorstehende Ober-/Unterlippe; schiefer Mund
Zähne:	auffallend weiß; gelb; vollständig; lückenhaft; schräg gestellt; vorstehende Schneidezähne
Kinn:	stark zurückweichend oder vorspringend; senkrecht; spitz; breit; Doppelkinn; gespaltenes Kinn
Arme:	sehr lang; sehr kurz; behaart
Hände:	sehr groß; sehr klein; gepflegt; abgearbeitet; sehr behaart; schwielig
Beine:	sehr lang; sehr kurz; auffallend dünn; X-/O-Beine
Körperhaltung:	aufrecht; steif; leicht gebückt
Sprache:	stotternd; lispelnd; tiefe/hohe Stimme; Dialekt; Akzent

PA

Aufgabe 2: *Nun wird es Zeit, dass wir das alles einmal erproben. Beschreibt euren Partner/Nachbarn mit Hilfe dieser Merkmalliste.*

DIE BESCHREIBUNG
11 Unterrichtseinheiten mit fix und fertigen Kopiervorlagen – Bestell-Nr. 10 900
KOHL VERLAG

9 Ganz genau darstellen

EA

<u>Aufgabe 3</u>: **a)** *Lies den Text aufmerksam durch!*

In seinem Buch *„Prima, Prima, Oberprima!“* beschreibt Rene Goscinny verschiedene Schülertypen, so zum Beispiel auch:

Die Bastler

Betriebsam, immer beschäftigt, mögen sie ganz und gar nicht gestört werden. Vom Lehrer leichtfertig in ihrer Arbeit unterbrochen, blicken sie müde auf und fragen mit träger Stimme: „Was‘n los!“
Die Bastler sind eine verfolgte, aber niemals aussterbende Gattung. Ihre unter dem Pult eingerichtete Werkstatt ist zusammenlegbar und kann bei der geringsten Gefahr in speziell dafür vorgesehene Taschen verschwinden – Taschen, in die die Hand des Lehrers niemals zu greifen wagt, aus Furcht vor ausgeklüngelten Fallen. Die von den Bastlern hergestellten Gegenstände sind zahlreich und verschiedenartig: Miniaturautos, Flugzeuge, Schiffe, Schleudern, Katapulte, falsche Würfel... Einem der berühmtesten Bastler in den Annalen der Schulbehörden gelang es sogar, hinter seinem Federkasten heimlich einen Radioempfänger zusammenzubauen, dessen Vollkommenheit und Lautstärke die größten Fachleute hätte erblassen lassen. Leider vernichtete eine donnernde Marschmusik, die mitten in der Lateinstunde losbrach, schlagartig die Laufbahn des begabten Konstrukteurs. Dieser Märtyrer der Wissenschaft endete übrigens auf traurige Weise: Er landete als Fräser in einer Fabrik, wurde aber unter dem Vorwand entlassen, dass er, statt zu fräsen, Bücher unter seiner Werkbank versteckt gehalten und für die Abendschule gepaukt habe ...

(René Goscinny, „Prima, Prima, Oberprima! Tipps für Schüler, Lehrer und leidgeprüfte Eltern“; Deutsche Übersetzung von Michèle Lepron-Schönfeldt, Rohwolt Taschenbuch GmbH, Reinbek bei Hamburg 1970, Abdruck mit freundlicher Genehmigung des Rohwolt-Verlags.)

b) *Unterstreiche die Stellen, an denen einzelne Eigenschaften des „Bastlers“ besonders anschaulich dargestellt werden!*

c) *Was ist das Typische am „Bastler“?*

____

____

____

d) *Überlege: Wie würden Personen, die du kennst, in folgender Situation reagieren: Sie stehen an der Bushaltestelle, der Bus kommt; er ist voll besetzt und fährt vorbei. Schreibe auf die Blattrückseite oder in dein Heft/in deinen Ordner!*

Person A _______ Reaktion: _______

Person B _______ Reaktion: _______

9 Ganz genau darstellen

EA

Aufgabe 4: **a)** *Lies den Text aufmerksam durch!*

Winnetou I

Als ich Winnetou zum ersten Mal sah, fielen mir seine Mokassins auf, die mit Stachelschweinsborsten geschmückt waren. Die Nähte seines Jagdrocks waren mit feinem roten Garn eingefasst. Sein Medizinbeutel und das Kalumet zierten seinen Hals. Er trug ein Messer am Gürtel und hielt ein Doppelgewehr in der Hand. Damit war er ähnlich bewaffnet wie sein Vater. Auf dem Kopf trug er ein Stirnband mit zwei Federn. Sein Haar, um das ihn jede weiße Frau beneidet hätte, fiel ihm offen auf die Schultern. Sein mattes hellbraunes Gesicht war edel, der leichte Bronzeton vervollständigte sein fremdartiges Aussehen, das die dunklen Augen noch unterstrichen.

Wir sahen uns lange und forschend in die Augen; einen kurzen Augenblick glaubte ich ein freundliches Blitzen bemerkt zu haben. Ob es ein Gruß sein sollte und ein erstes Zeichen unserer späteren innigen Freundschaft?

b) *Ergänze die Zeichnung und male sie bunt aus!*

c) *Markiere im Text alle Merkmale mit einem Textmarker!*

d) *Gliedere den Text!*

e) *Beschreibe Winnetou mit deinen eigenen Worten! Du darfst die Worte nach Karl May verwenden, aber nicht abschreiben! Schreibe in dein Heft/in deinen Ordner!*

DIE BESCHREIBUNG
11 Unterrichtseinheiten mit fix und fertigen Kopiervorlagen – Bestell-Nr. 10 900
KOHL VERLAG

10 Die Person als Ganzes

Informationen für den Lehrer

Hinweis

Als Einstieg kann man an die Beschreibung von Winnetou in Kapteil **9**, Seite 45, Aufgabe 4, anknüpfen. Bei der Besprechung dieser Aufgabe und den genauen Lösungsmöglichkeiten wird deutlich:

- Einiges bleibt in der Beschreibung offen.
- Es ist keine strenge Gliederung erkennbar. Vielleicht könnte man „vom weniger Auffallenden zum besonders Auffallenden" erkennen.
- Dennoch erscheint die Darstellung in sich geschlossen, weil der Autor seine Eindrücke wiedergibt und dabei sozusagen den „Blick über die Figur schweifen" lässt.
- Die dargestellten Einzelheiten finden sich wohl bei vielen Indianern in gleicher Weise, dennoch gibt der Autor ein ganz spezielles Bild. Die Einzelheiten werden jeweils ganz individuell „eingefärbt".

Hinweise zum Arbeitsblatt Seite 47.

- Der Autor bedient sich charakterisierender Adjektive (gewöhnlich, ausdruckslos, unbeweglich, sonnenverbrannt, blau, blond, außerordentlich fein, kahl, kurz abgeschnitten, flammend rot, rundschultrig, derb, plump, schwarz, elegant, haarig...)
- Der Autor verwendet Bilder und Vergleiche (...wie ein Kranz von seidenem Flaum...)
- Der Autor spielt mit Vorstellungen (...man konnte glauben, es sei...; Es entstand der Eindruck, als ob...; man meinte... zu sehen....)
- Die Gliederung ist nicht ganz einfach festzustellen. Dennoch kann man erkennen:
  - Zunächst wird der Gesamteindruck dargestellt (und am Gesichtsausdruck festgemacht).
  - Die Darstellungen einzelnen Körperteile werden von „oben nach unten" angeordnet: Kopf (Gesicht, Augen Haare, Bart, Wangen), Körper (Gesamtgröße, Schultern, Glieder).
  - Die Kleidung wird besonders beschrieben (Hut, Anzug, Stiefel).
  - Schließlich wird noch eine Besonderheit in seinem Verhalten (Regenschirm) erwähnt.
- Beachtenswert: Immer wieder wird die Wirkung des Einzelteils im Rahmen des Gesamteindrucks hervorgehoben.

Es kann nun eine Übungsphase eingeschaltet werden, in der immer wieder eigene Versuche vorgestellt und im Klassenverbund überarbeitet werden. Dabei sollten mehr und mehr die erarbeiteten Kriterien systematisch zusammengestellt und gewichtet werden. (siehe im Folgenden: Bewertungskriterien ...)

Als Themen bieten sich an: "Stars" (am besten Abbildungen mitliefern!); „Ortsbekannte Größen" (Bürgermeister, Ladenbesitzer ...)

Verzichten sollte man auf die Darstellung von Lehrern (wenn es nicht gerade die Lieblingslehrer sind, sonst steht Ärger ins Haus!).

<u>Das zehnte Kapitel dauert 3 Unterrichtsstunden</u>

Seiten	47/48	1. Unterrichtsstunde
Seiten	48/49	2. Unterrichtsstunde
Seiten	49/50	3. Unterrichtsstunde

Diese Einteilung gilt nur als Richtwert, da die tatsächliche Unterrichtszeit von der Individualität Ihrer Schüler und deren eigenem Lerntempo abhängt. Die einzelnen Kopiervorlagen müssen nicht immer vollständig erarbeitet werden, um einen Lernerfolg zu erzielen.

10 Die Person als Ganzes

PA

Aufgabe 1: **a)** *Lies die Beschreibung aufmerksam durch!*

Kapitän Mac Whirr

Die Gesichtszüge des Kapitäns Mac Whirr vom Dampfer Nan-Shan schienen das vollkommene Widerspiel seines Charakters zu sein: Sie boten keine bestimmten Merkmale, weder von Festigkeit noch von Beschränktheit: sie drückten überhaupt keinerlei Eigentümlichkeit aus; sie waren einfach gewöhnlich, ausdruckslos und unbeweglich. Das einzige, was sich in seinem Aussehen hie und da anzudeuten schien, war Schüchternheit; in den Geschäftszimmern der Reeder konnte man ihn nämlich, ein schwaches Lächeln auf dem sonnenverbrannten Gesicht, mit niedergeschlagenen Augen sitzen sehen. Schlug er sie auf, so bemerkte man, dass sie blau von Farbe und offen im Ausdruck waren. Sein Haar, das blond und außerordentlich fein war, umschloss die Wölbung seines Schäcels wie ein Kranz von seidenem Flaum. Sein über der Lippe kurz abgeschnittener Bart dagegen war flammend rot und glich einem Gestrüpp von Kupferdraht, während über seine Wangen, mochte er sie noch so glatt rasieren, bei jeder Bewegung seines Kopfes metallische Funken zu gleiten schienen. Er war unter Mittelgröße, etwas rundschult·rig und so derb von Gliedern, dass seine Kleider immer um eine Idee zu eng für seine Arme und Beine zu sein schienen. Als ob er unfähig wäre zu begreifen, welche Anforderungen die Verschiedenheit der Breitengrade an die menschliche Kleidung stellt, trug er immer und überall einen braunen Filzhut, einen vollständigen Anzug von gleicher Farbe und plumpe, schwarze Stiefel. Diese hafenmäßige Tracht gab seiner Gestalt eine Art steifer, unbeholfener Eleganz. Eine dünne silberne Uhrenkette hing an seiner Weste, und nie verließ er das Schiff, um an Land zu gehen, ohne einen eleganten Regenschirm allerbester Qualität, meist jedoch ungerollt, in seiner großen, haarigen Hand zu halten.

(aus: Joseph Conrad, Taifun. Deutsch von Ernst Wagner. © S.Fischer Verlag GmbH, Frankfurt am Main 1978)

b) *Markiert die charakteristischen Merkmale dieser Figur und stellt fest: Wie schafft es der Autor, seine Figur genau und anschaulich vorzustellen?*

____

____

____

____

c) *Stellt die Gliederung des Textes fest und schreibt sie hier heraus!*

____

____

____

____

DIE BESCHREIBUNG
11 Unterrichtseinheiten mit fix und fertigen Kopiervorlagen – Bestell-Nr. 10 900
KOHL VERLAG

10 Die Person als Ganzes

PA

Aufgabe 2: **a)** *Lest den Info-Kasten gemeinsam aufmerksam durch!*

1. Gesamteindruck der Gestalt; Größe (vielleicht auch: Alter, Geschlecht)
2. Einzelne Körperteile und (deren) Besonderheiten
  a) Kopf (Haare, Gesicht, Stirn, Nase, Kinn, Augen, Mund...)
  b) Arme, Hände
  c) Körper
  d) Beine, Füße
3. Kleidung (Besonderheiten hervorheben)
4. Gang, Haltung, Sprache
5. Besonders typische („charakteristische") Verhaltensweisen
6. Zusammenfassung: Akzent auf dem Besonderen

Hinweise:

Man sollte/kann immer wieder die Einzelheiten in den Gesamteindruck einordnen. Die Punkte 3 und 4 können auch vertauscht werden.

b) *Wählt euren Lieblingsstar oder einen guten Freund aus und versucht, ihn zu beschreiben! Haltet zunächst in Stichpunkten fest:*

- Wie wirkt er/sie insgesamt auf den Betrachter?
- Wie ist seine/ihre Körperhaltung? Wie bewegt er/sie sich?
- Welche äußeren Merkmale sind festzustellen?
- Welche Merkmale erscheinen dir besonders wichtig? Was fällt auf?
- Gibt es Besonderheiten oder „Regelmäßigkeiten" in der Kleidung (sportlich...)?
- Wie spricht er/sie? Wie ist sein/ihr Gesichtsausdruck?
- Wie verhält er/sie sich in bestimmten Situationen? (Denke an „typische" Situationen!)

KOHL VERLAG
DIE BESCHREIBUNG

10 Die Person als Ganzes

PA

Aufgabe 3: **a)** *Im folgenden Text wurde versucht, einen Mitschüler vorzustellen. Lest den Text aufmerksam durch und markiert die Stellen, die verbessert werden sollten!*

Florian

Er ist ein Junge von etwa 11 Jahren. Er ist ca. 1.50 m groß. Er hat weißblonde Haare. Sie sind kurz und in der Mitte hat er einen Scheitel. Er hat auch eine Ponyfrisur. Er hat blau-graue Augen und eine Brille sowie eine Stupsnase und weiße Zähne. Er hat etwas abstehende Ohren. Die Haare gehen nur bis zur Hälfte über die Ohren. Sein Hals ist schmal, seine Arme sind schlank, die Hände feingliedrig. Er trägt gern langärmlige Pullover mit Rollkragen, Jeans und Wanderschuhe. Normalerweise spricht er pfälzischen Dialekt, kann aber auch hochdeutsch sprechen. Er macht einen freundlichen und Vertrauen erweckenden Gesamteindruck.

Deine Verbesserungsvorschläge:

____

____

____

____

b) *Der obige Text wurde verbessert. Lest den neuen Text durch und vergleicht mit der ersten Version! Worauf wurde sich vor allem konzentriert?*

Florian

Florian ist ein etwa 11-jähriger Junge mit einer Größe von etwa 150 cm. Seine weißblonden Haare trägt er kurz und in der Mitte gescheitelt. Sein Pony bedeckt die halbe Stirn. Auf seiner Stupsnase trägt er eine grün-silberne Brille mit runden Gläsern, durch die seine blau-grauen Augen recht groß erscheinen. Seine nicht ganz anliegenden Ohren werden von den glatt herunter gekämmten Haaren zur Hälfte bedeckt. Sein Hals wirkt in dem Rollkragen, den er gern trägt, etwas dünn, seine Arme sind schlank, seine Hände feingliedrig. Die schmächtigen Beine lassen nicht vermuten, dass Florian viel Sport treibt. Als Kleidung bevorzugt er langärmlige Pullover mit Rollkragen, blaue oder hellbraune Jeans und Wanderschuhe. Mit seinen Freunden und zu Hause spricht er pfälzischen Dialekt, im Unterricht aber zeigt er, dass er auch hochdeutsch sprechen kann.

c) *Vergleicht die verbesserte Form mit euren Verbesserungsvorschlägen. Was ist gleich, was ist anders? Was würdet ihr am zweiten Text noch ändern? Begründet. Schreibt auf die Blattrückseite.*

DIE BESCHREIBUNG
11 Unterrichtseinheiten mit fix und fertigen Kopiervorlagen – Bestell-Nr. 10 900
KOHL VERLAG

10 Die Person als Ganzes

EA

Aufgabe 4: *Betrachte das Bild des Zauberers. Erstelle eine Personenbeschreibung in deinem Heft/Ordner.*

EA

Aufgabe 5: *Wähle aus den folgenden Personen eine Figur aus, die du genau beschreibst.*

Pippi Langstrumpf – Harry Potter – Angela Merkel – Papst Benedikt XVI – Donald Duck – deine Mutter – euren Bürgermeister – Robin Williams – Bruce Willis

DIE BESCHREIBUNG
11 Unterrichtseinheiten mit fix und fertigen Kopiervorlagen – Bestell-Nr. 10 900
KOHL VERLAG

11 Erfolgskontrolle

EA **Aufgabe 1**: *Beschreibe die Person rechts möglichst genau. Achte auf eine gegliederte Darstellung und die besonderen Merkmale.*

EA **Aufgabe 2**: *Beschreibe einen Menschen, den du besonders gerne magst oder den du sympathisch findest.*

EA **Aufgabe 3**: *Beschreibe die unten abgebildete Person möglichst genau.*

DIE BESCHREIBUNG
11 Unterrichtseinheiten mit fix und fertigen Kopiervorlagen – Bestell-Nr. 10 900
KOHL VERLAG

11 Bewertungsbogen zur Personenbeschreibung

Gliederung	**volle Punktzahl** *(50 Punkte)*	**erreichte Punktzahl**
Gesamteindruck	**2**	
Wichtige Teile, Anordnung	**2**	
Zusammenfassung und Akzentuierung	**2**	
Gesamteindruck (Inhalt)		
Gestalt	**2**	
Größe, Geschlecht, Alter ...	**2**	
Weitere allgemeine Angaben	**2**	
Körperteile und Besonderheiten		
Kopf *(Form, Haare, Gesicht, Augen, Stirn, Mund, Nase ...)*	**8**	
Arme, Hände	**2**	
Körper	**2**	
Beine, Füße	**2**	
Typische Bewegungen, Gang, Haltung	**4**	
Kleidung		
Kleidungsgewohnheiten	**2**	
Besonderheiten im aktuellen Fall	**2**	
Verhaltensweisen		
Sprache und Sprechen/Sprechweise	**3**	
Typisches in Situationen	**6**	
Darstellung		
Genauigkeit in der Bezeichnung	**4**	
Anschaulichkeit	**3**	
Gesamtpunkte:	**50**	

KOHL VERLAG DIE BESCHREIBUNG
11 Unterrichtseinheiten mit fix und fertigen Kopiervorlagen – Bestell-Nr. 10 900

12 Die Lösungen

Gegenstandsbeschreibung

1

Aufgabe 1: **b)** Nina S.: Was befindet sich sonst noch im Geldbeutel? Wann/Wo wurde er verloren?
Lukas: Die Turnschuhe müssen genauer beschrieben werden.
Janosch: Janoschs Brille könnte gefunden werden, da die wichtigsten Informationen auf seinem Zettel vermerkt sind.
Silvio: Das Rad wurde sehr gut beschrieben, sogar Besonderheiten wurden genannt. Nur das Datum ist etwas ungenau.
Hanna: Die Beschreibung ist sehr ungenau. Es fehlen Angaben zum Aussehen (Farbe?), zur Größe und zum Inhalt.
Tanja: Das Handy wurde sehr gut beschrieben. So könnte es schnell wiedererkannt werden.

c) Fahrrad: Rahmennummer? Besonderheiten? Farbe? Art?
Turnschuhe: Besondere Kennzeichen? Wann sind sie verloren gegangen?
Armbanduhr: Marke der Uhr? Besondere Merkmale? Auffälligkeiten? Form des Ziffernblattes und der Zeiger?
Portemonnaie: Besondere Kennzeichen? Wann ist es verloren gegangen? Wo (ungefähr) ging es verloren?

Aufgabe 2: Individuelle Lösungen.

Aufgabe 3: **b)** Gegenstand: Fußball Form: rund, aus Sechsecken zusammengesetzt
Farbe: schwarz-weiß, mehr weiße als schwarze Felder Größe: ca. 30 cm Durchmesser
Material: beschichtetes Leder Alter: stark abgenutzt/alt
Besondere Merkmale: Risse im Leder, starke Gebrauchsspuren

Aufgabe 4: Gegenstand: Rucksack Form: länglich, dem Rücken angepasst; oben halbrund, unten eckig; das Rückenteil ist leicht bauchig nach außen gewölbt
Farbe: überwiegend schwarz mit hellgrauem Rückenteil und hellgrauem Streifen auf der Seite; Bauchgurt auch mit hellgrauem Gurtansatz Größe: ca. 60 cm hoch, ca. 40 cm breit
Material: vermutlich wasserundurchlässiges Gorotex Alter: fast neu
Besondere Merkmale: Am grauen Rückenteil ist ein runder Spanngummi zweimal über Kreuz vorgespannt, wie bei Schnürsenkeln. Unten wird der Spanngummi mit einem verstellbaren Verschluss gehalten. Der Spanngummi ist in grau-schwarz gestreifte Ösen eingefädelt. Auf der Seite befindet sich ein Flaschennetz mit grauem Abnäher.

Aufgabe 5: Gegenstand: Sportschuhe Form: schlanker, flacher Halbschuh
Farbe: weiß, schwarz, grauer vorderer Abnäher, graue Laufsohle
Größe: normale Schuhgröße zwischen 36 und 46
Material: Obermaterial aus weichem Leder, Gummisohle Alter: neu
Besondere Merkmale: weiche, breite und weiße Schnürsenkel; obere Fersenverstärkung in schwarz; hinten hochgezogene Gummisohle, als Spritzschutz; schwarze Querlinie oberhalb der Sohle mit weißem Absatz darunter, anschließend die Gummisohle; hellgraue Verstärkung der vorderen Schuhkappe; seitlich 5 schwarze Streifen, vorne und nach den dritten schwarzen Streifen jeweils 5 Luftlöcher

2

Aufgabe 5: **b)** Gegenstand: Fahrrad Form: Form eines typischen Damenrades mit tiefgezogenem Einstieg und darüber einer kleinen Verstärkung Farbe: Rahmen schwarz; Schutzbleche, Kettenblech, Gepäckträger, Lenker (mit schwarzen Griffen) und Felgen stahlfarben; rotes Rücklicht; gelbe Katzenaugen; schwarzer Sattel; schwarze Vorderleuchte; schwarze Pedale; Aufschrift schwarzgrau Größe: Erwachsenenfahrrad
Material: Stahl/Alu, kleine Teile aus Plastik/Kunststoff Alter: neuwertig
Besondere Merkmale: an Vorder- und Hinterrad kleine schwarze Plastikspritzschützer; 3 Kabel für Bremse und Gangschaltung vom Rahmen zum Lenker; Aufschrift BAVARIA auf dem Rahmen (erste Hälfte des Wortes in schwarzen Großbuchstaben mit silbernen Rahmen, zweite Worthälfte in silbernen Großbuchstaben)

Aufgabe 6: **A** = Pyramidenförmiges Gehäuse aus schwarz lackiertem Holz, auf der Vorderseite der Pyramide ist eine Uhr; sie hat ein rundes, weißes Zifferblatt in einem verchromten (silbernen) Ring; schwarze, arabische Ziffern; schwarzer Stunden-, Minuten- und Sekundenzeiger

DIE BESCHREIBUNG
11 Unterrichtseinheiten mit fix und fertigen Kopiervorlagen – Bestell-Nr. 10 900
KOHL VERLAG Lernen mit Erfolg

12 Die Lösungen

2 **Aufgabe 6:**

B = Form eines an der Spitze abgerundeten Keils, der Länge nach aufgeschnitten; Hülle braunes Holz, darin eingelassen das Zählwerk/der Taktgeber aus schwarzem Metall; Perpendikel in Silber mit einem festen Gewicht am Fußende und einem beweglichen Gewicht in der oberen Hälfte über der Drehachse. Mittels einer weißen Skala hinter dem Oberteil des Perpendikels kann durch Verschieben des oberen Gewichts das Tempo eingestellt werden.

C = Walzenförmiges Mäppchen aus hellbeigem Leder mit Reißverschluss; ca. 20 cm lang; an beiden Enden des Reißverschlusses Halteschlaufen

D = Quaderförmiger Holzkasten, Farbe naturbelassen; auf der Oberseite ein Schieber in Rillen der Seitenwände; schwarze Aufschrift auf dem Schieber: DOMINO

3 **Aufgabe 1:**

a) sichelförmig, halbmondförmig, halbkreisförmig; **b)** pilzförmig, halbkugelig, zylinderförmig; **c)** glockenförmig, kegelförmig, rund; **d)** kreisrund; ringförmig, rundlich; **e)** kerzengerade, zylinderförmig, länglich; **f)** muschelförmig, fächerartig, wellig

Aufgabe 2:

A = Schirm: schaufelförmig; Arm: zweigeteilte Metallstange, an zwei Stellen verbunden Fuß: quaderförmige Metallplatte (obere Kanten abgerundet)

B = Schirme: Glasschirme in der Form aufgeblühter Glockenblumen; Arme: Form von Blumenstängeln und Blättern; Fuß: 1 cm dicke, kreisrunde Metallscheibe

C = Schirm: Form einer Kugelkappe; Ständer: auf der Spitze stehender Kegel Fuß: kreisrunde Metallplatte

D = Schirm: zylinderförmig, walzenförmig; Ständer: aus dem Fuß herauswachsende Vasenöffnung; Fuß: Form eines Glasballons

4 **Aufgabe 1:**

Individuelle Lösungen.

Aufgabe 4:

a) Tukan: Der Tukan hat einen langgezogenen schmalen Körper mit einem spitzen, leicht gebogenen grauen Schnabel. Seine Augen sind schwarz mit roter Umrandung, seine Hals- und Brustfedern sind weiß mit einem großen gelben Fleck. Seine Bauchfedern sind dunkelrot und gehen in schwarze Schwanzfedern über. Die Rückenfedern sind blau/schwarz. Charakteristisch sind die zwei zehenartigen grauen Krallen.

b) Rosakakadu: Der Rosakakadu hat einen etwas gedrungenen Körperbau und ist nur am Kopf farbig geschmückt. Eine hellrosa Kopfhaube sitzt auf dunkelrosa Halsfedern. Seine Augen sind lachsfarben; graue Rückenfedern gehen in schwarze Schwanzfedern über. Der Bauch ist dunkelrot.

c) Gelbbrust-Ara: Der Gelbbrust-Ara hat ein sehr ausdrucksstarkes Gesicht; grünblaue Kopffedern sitzen auf einem weißen, schön durchfurchteten Gesicht. Ein sehr stark gekrümmter schwarzer Schnabel lässt ihn sehr grimmig aussehen. Ein sehr helles Auge hat einen schmalen schwarzen Umriss. Seine gelborangen Brustfedern stehen im Kontrast zu seinem hellblauen Rücken.

d) Wellensittich: Der Wellensittich ist ein kleinerer Vogel mit gedrungener Gestalt. Sein Kopf mit kaum sichtbarem Schnabel und dunklen Augen ist vorne gelb und geht dann in einen grünschwarzen Hinterkopf und Rücken über. Die Brust hat grasgrüne leuchtende Farben. Seine beiden Krallenzehen sind bläulich gefärbt.

Aufgabe 7:

Individuelle Lösungen.

Aufgabe 8:

a) Das Dach der Kuckucksuhr ist sehr ausladend zackig geschnitzt. Oben auf der Uhr thront ein singender Kuckuck. Unter dem Dach in der Mitte der Uhr ist ein eckiges Loch mit ovalem Oberteil. Das Ziffernblatt ist schwarz mit weißen römischen Ziffern von I bis XII und ebenfalls weißen verzierten Zeigern. Zwei schmale lange zapfenförmige Perpendikel hängen an langen Ketten. Die ganze Uhr ist sehr reich verziert und hat eine fast quadratische Form. Der nicht sichtbare Kuckuck muss individuell beschrieben werden.

b) Das kleine, von der Grundfläche bis zum Dachfirst etwa 20 cm. hohe Haus ist aus dunkelbraunem Holz gefertigt. Dach und Seitenwände sind glatt, die Vorderseite ist rundum verziert mit grünem, aus Holz geschnitztem Blattwerk sowie einem ebenfalls aus Holz geschnitzten bunten Vogel im Dachfirst. Einen Großteil der Vorderseite nimmt das kreisrunde, schwarze Ziffernblatt ein. Weiße römische Ziffern erlauben es, die Zeit abzulesen, wenn man die Stellung der gleichfalls in weiß gehaltenen Zeiger beachtet. In der Dachgiebelwand verschließt ein viereckiger Holzladen ein kleines Fenster (in welchem regelmäßig der kleine bunte Kuckuck erscheint, um die Zeit anzusagen). Aus dem Boden des Gehäuses hängen die beiden Zugketten. An ihren Enden sind Gewichte in der Form von länglichen Tannenzapfen.

KOHL VERLAG DIE BESCHREIBUNG
11 Unterrichtseinheiten mit fix und fertigen Kopiervorlagen ■ Bestell-Nr. 10 900

12 Die Lösungen

4 **Aufgabe 9:**

a) Jeder Cityroller besteht aus mindestens 2 Rädern (manchmal auch 3 oder 4), einem flachen Trittbrett und einem schlanken Lenker mit zwei Griffrollen.

b) Lenker: ohne Griffe, höhenverstellbar durch Schnellverschluss
Federung: über dem Vorderrad
Bereifung: Hartplastikmaterial
Trittfläche: glatt poliert, Gummitritt mit Aufschrift gegen Rutschen aufgeklebt
Hinteres Schutzblech: als Bremse verwendbar

c) Individuelle Lösungen!

5 **Aufgabe 2:**

b)

Text 1	Text 2
... ist gefertigt aus ...	... besteht aus ...
Schirm schützt die Augen	–
... montierter Miniventilator ...	... befindet sich ...
dessen Motor... Solarzellen antreiben	... sind Solarzellen angebracht
ein verstellbarer Riegel erlaubt es ...	... ist ein verstellbarer Riegel angebracht
Die Stirnpolster können mit Wasser getränkt werden und so...	an der Stirnseite befindet sich ...
zwei Batterien können ... dienen	... können angebracht werden

Aufgabe 3:

Die Kaffeemaschine besteht aus vier wichtigen Teilen. Der Wassertank nimmt kaltes Wasser auf, welches im Heizkörper erhitzt und über das Kaffeepulver im Filter fließt. Der Filterhalter enthält den Papierfilter, in welchem das Kaffeepulver gebrüht wird. Das gefilterte Wasser, das die Geruchs- und Geschmacksstoffe des Kaffees aufgenommen hat, fließt gefiltert in die Glaskanne, welche auf einer beheizten Platte steht.

Aufgabe 4:

Durch Erwärmung des Wassers im Kessel entsteht Dampf. Der Kessel steht so unter Druck. Der Dampf wird durch eine Leitung in den Zylinder gepresst, wobei ein Ventil regelt, in welchen Teil des Zylinders der Dampf jeweils geleitet wird. Im Zylinder drückt der Dampf auf einen Kolben, welcher sich nach oben oder bei anderer Ventilstellung nach unten bewegt. Der Kolben ist mit dem Balancierbalken verbunden. Dieser Balken setzt das Schwungrad in Bewegung.

Aufgabe 5:

Das Schweizer Taschenmesser, dessen Einzelteile aus Edelstahl gefertigt sind, stellt ein Allzweckwerkzeug dar. Neben dem extrem scharfen Messer stehen eine Schere und eine Zange zur Verfügung. Eine Holzsäge ist geeignet, auch härtere Sägearbeiten zu bewältigen. Geht es um Metallteile, so hält das Messer eine Metallsäge bereit. Selbstverständlich fehlen weder ein Dosenöffner noch ein Korkenzieher. Kleinere Reparaturen, die eine Lederahle notwendig machen, stellen ebenso wenig ein Problem dar wie jene Situationen, die einen größeren oder kleineren Schraubenzieher erfordern. Selbst zwei Kreuzschraubenzieher sind vorhanden. Schließlich bietet das Taschenmesser für besonders kniffelige Zugriffe eine Pinzette an. Und wenn es was zu stochern gibt: Ein Zahnstocher aus Elfenbein hilft weiter.

6 **Aufgabe 1:**

a) Dieser hervorragend konzipierte und verarbeitete Allzweckrucksack erfüllt auch die größten Herausforderungen bei einem erhöhten Platzbedarf. Der angebotene Rucksack in den Farben schwarz/weiß genügt sowohl in Form als auch in der Materialbeschaffenheit höchsten Ansprüchen. Der aus atmungsaktivem Gorotex hergestellte Rucksack beinhaltet verschiedene Taschen und Fächer für die kleinen und großen Utensilien, die man auf Wanderungen durch Berg und Tal benötigt. Schwarze Träger und schwarze Hüftgürtel schmiegen sich an den Körper und lassen dadurch das Gewicht auch bei voller Ausnutzung der Füllkapazität hervorragend verteilen. Die Rückseite enthält zusätzlich eine wohl durchdachte Schnürverriegelung zum Festspannen von Kleinteilen (z.B. einer Landkarte). Die einzelnen Fächer lassen sich leicht öffnen durch Reißverschlüsse, die zusätzlich zu den Schnappverschlüssen die Innen- und Außentaschen sichern. Ein Rucksack, der Ihnen beim Tragen und Gebrauch große Freude bereiten wird.

6 **Aufgabe 1:**

b) Für die tägliche Hand- und Fußpflege ist dieses Etui unentbehrlich. Mit seinen verschiedenen Scheren, Feilen, Bürsten und Pinzetten bietet diese Sammlung alles, was zu Hause und auf der Reise benötigt wird. Das aus schwarzem Nappaleder formvollendet gestaltete Etui lädt förmlich ein zur sinnvollen Beschäftigung mit den Finger- und Zehennägeln.
In diesem Etui sind enthalten: 1 Feile mit rundem Kopf, 1 Sandfeile, 1 spitze Schere, 1 Rundschere, je 1 Nagelzwicker für Finger- und Zehennägel, 1 Rasierapparat, Nähseide und Nähnadeln, 1 Bürste, 2 Hornhauthobel, 1 Spiegel. Das ideale Geschenk für alle Gelegenheiten.

Personenbeschreibung

7 **Aufgabe 3:**

Kopf:
- Haar, Farbe wie eine Möhre; zwei feste Zöpfe, geflochten, vom Kopf abstehend
- Nase wie eine ganz kleine Kartoffel und mit Sommersprossen übersät
- riesiger breiter Mund mit gesunden weißen Zähnen

Körper:
- Kleid (gelb, kurz)
- blaue Hose mit weißen Punkten

Beine:
- lange Strümpfe, einer geringelt, einer schwarz

Füße:
- schwarze Schuhe, doppelt so groß wie die Füße

Aufgabe 8:

A = Mittelscheitel, rechts durch Spange gehalten, glatt gekämmt, reichen bis über die Schulter; Ohren sichtbar
B = gelocktes, dichtes Haar, ungescheitelt, reicht nicht ganz bis zur Schulter
C = mittellanges Haar, moderner Schnitt, vermutlich gegeelt, Scheitel rechs angedeutet
D = Mittelscheitel, rechts und links „Rattenschwänzchen“, die bis zur Schulter reichen

8 **Aufgabe 1:**

a) **1.** Form einer lose geschnürten 8; **2.** rund; **3.** oval; **4.** viereckig, kantig

b)
1. sehr hohe Stirn, gelockter Haarkranz um die Glatze; runde Brille (Form einer Gasmaskenbrille); schwarzer Schnurrbart, breiter Mund
2. große „lachende“ Augen, trägt Käppi, das nur wenige Haare einer kurz geschnittenen Frisur hervorschauen lässt; lachender Mund; Sommersprossen
3. Pagenfrisur mit Pony; Ohrringe, breiter Mund, Stupsnase
4. Haare etwas wirr, reichen über die Ohren; schwarzer Schnurrbart; große Augen, deutlich ausgeprägte Augenbrauen; längliches Gesicht; missmutiger Mund; hochgezogenes Kinn

Aufgabe 3:

a)
A = glatt, reicht über die Schultern, rechts gescheitelt, über der Stirn ausgefranster Ponyschnitt
B = gelockter Wuschelkopf, linkes Ohr bedeckt, Versuch, rechts zu scheiteln
C = schulterlang, glatt; rechts weit gescheitelt und gebunden; über die Stirn nach links gekämmt
D = wirr, kurzer Schnitt, vermutlich gegeelt

b)
A = große Augen, feine Augenbrauen, kleine Nase, Mund etwas breit und leicht schief, geschminkt
B = rundliche Form, große Augen, dicke Augenbrauen, breiter Mund, stets bereit zu lachen oder zu grinsen
C = länglich, große Augen, deutlich Wimpern getuscht, Mund schmal und herzförmig geschminkt, Stupsnase, Sommersprossen
D = hochnäsiger Ausdruck, hochgezogene Augenbrauen, dunkle Brille, etwas breite Nase, schmaler, zusammengekniffener Mund, zieht dadurch eine Backe

c)
A = keine besonderen Merkmale
B = trägt karierten Schal mit Fransen
C = trägt hochgeknöpfte Jacke mit kleinem Stehkragen
D = trägt T-Shirt und Sweatshirt

Aufgabe 4:

b) Die Beschreibung mit Worten sagt mehr über den Mann aus, als man auf dem Bild erkennen kann, da dort nur sein Gesicht dargestellt wird und der Körper mit Kleidung vollständig fehlt. Im Phantombild sind nicht alle Informationen über den Täter enthalten.

c) & d)
- zwischen 30 und 35 Jahre alt
- etwa 1,90 Meter groß
- hellbraune Haare
- dunkelblaue Jeans mit Loch am linken Knie
- schwarzes verwaschenes Sweatshirt, grünbraune Schutzhandschuhe und weiße Turnschuhe

KOHL VERLAG DIE BESCHREIBUNG 11 Unterrichtseinheiten mit fix und fertigen Kopiervorlagen – Bestell-Nr. 10 900

8

e) Ein Phantombild gibt den Eindruck eines Zeugen zu den genauen Gesichtszügen des Gesuchten wieder. In einer Beschreibung mit Worten gibt z.B. die Angabe „weit auseinanderstehende Augen" noch keine genaue Vorstellung. Deren Position wird im Phantombild aber deutlich.

9 **Aufgabe 3:**

b) Die Bastler
Betriebsam, immer beschäftigt, mögen sie ganz und gar nicht gestört werden. Vom Lehrer leichtfertig in ihrer Arbeit unterbrochen, blicken sie müde auf und fragen mit träger Stimme: „Was'n los!" Die Bastler sind eine verfolgte, aber niemals aussterbende Gattung. Ihre *unter dem Pult eingerichtete Werkstatt* ist zusammenlegbar und kann bei der geringsten Gefahr in speziell dafür vorgesehene Taschen verschwinden – Taschen, in die die Hand des *Lehrers* niemals zu greifen wagt, aus *Furcht vor ausgeklüngelten Fallen*. Die von den Bastlern *hergestellten Gegenstände sind zahlreich und verschiedenartig*: Miniaturautos, Flugzeuge, Schiffe, Schleudern, Katapulte, falsche Würfel ... . Einem der berühmtesten Bastler in den Annalen der Schulbehörden gelang es sogar, *hinter seinem Federkasten heimlich einen Radioempfänger zusammenzubauen*, dessen Vollkommenheit und Lautstärke *die größten Fachleute hätte erblassen lassen*. Leider vernichtete eine donnernde Marschmusik, die mitten in der Lateinstunde losbrach, schlagartig die Laufbahn des begabten Konstrukteurs. Dieser *Märtyrer der Wissenschaft* endete übrigens auf traurige Weise: Er landete als Fräser in einer Fabrik, wurde aber unter dem Vorwand entlassen, dass er, *statt zu fräsen, Bücher unter seiner Werkbank* versteckt gehalten und für die Abendschule gepaukt habe ... .

c) immer beschäftigt (allerdings mit etwas anderem als mit dem, mit dem er sich beschäftigen sollte; begabter Konstrukteur)

Aufgabe 4:

c) Als ich Winnetou zum ersten Mal sah, fielen mir seine *Mokassins* auf, die mit Stachelschweinsborsten geschmückt waren. Die Nähte seines *Jagdrocks* waren mit feinem roten Garn eingefasst. Sein *Medizinbeutel* und das *Kalumet* zierten seinen Hals. Er trug ein Messer am Gürtel und hielt ein Doppelgewehr in der Hand. Damit war er ähnlich *bewaffnet* wie sein Vater. Auf dem *Kopf* trug er ein *Stirnband mit zwei Federn*. Sein *Haar*, um das ihn jede weiße Frau beneidet hätte, fiel ihm *offen auf die Schultern*. Sein *mattes hellbraunes Gesicht war edel, der leichte Bronzeton* vervollständigte sein fremdartiges Aussehen, das die *dunklen Augen* noch unterstrichen. Wir sahen uns lange und forschend in die Augen; einen kurzen Augenblick glaubte ich ein freundliches Blitzen bemerkt zu haben. Ob es ein Gruß sein sollte und ein erstes Zeichen unserer späteren innigen Freundschaft?

d) **1.** Kleidung, Bewaffnung **2.** Kopf und Haartracht **3.** Gesicht: Farbe; Augen

10 **Aufgabe 1:**

b) Joseph Conrad, Kapitän Mac Whirr
Die *Gesichtszüge* des Kapitäns Mac Whirr vom Dampfer Nan-Shan schienen *das vollkommene Widerspiel seines Charakters* zu sein: Sie boten *keine bestimmten Merkmale*, weder von Festigkeit noch von Beschränktheit: sie drückten *überhaupt keinerlei Eigentümlichkeit* aus; sie waren einfach *gewöhnlich, ausdruckslos und unbeweglich*. Das einzige, was sich in seinem Aussehen hie und da anzudeuten schien, war *Schüchternheit*; in den Geschäftszimmern der Reeder konnte man ihn nämlich, *ein schwaches Lächeln* auf dem *sonnenverbrannten Gesicht*, mit *niedergeschlagenen Augen* sitzen sehen. Schlug er sie auf, so bemerkte man, dass sie *blau von Farbe und offen im Ausdruck* waren. Sein *Haar, das blond und außerordentlich fein* war, umschloss die Wölbung seines Schädels wie ein *Kranz von seidenem Flaum*. Sein *über der Lippe kurz abgeschnittener Bart* dagegen war *flammend rot und glich einem Gestrüpp von Kupferdraht*, während *über seine Wangen*, mochte er sie noch so glatt rasieren, bei jeder Bewegung seines Kopfes *metallische Funken* zu gleiten schienen. Er war *unter Mittelgröße, etwas rundschultrig* und so *derb von Gliedern*, dass seine *Kleider immer um eine Idee zu eng* für seine Arme und Beine zu sein schienen. Als ob er unfähig wäre zu begreifen, welche Anforderungen die Verschiedenheit der Breitengrade an die menschliche Kleidung stellt, *trug er immer und überall einen braunen Filzhut, einen vollständigen Anzug von gleicher Farbe und plumpe, schwarze Stiefel*. Diese hafenmäßige Tracht gab seiner Gestalt eine Art *steifer, unbeholfener Eleganz*. Eine *dünne silberne Uhrenkette* hing an seiner Weste, und nie verließ er das Schiff, um an Land zu gehen, ohne einen *eleganten Regenschirm allerbester Qualität*, meist jedoch ungerollt, in seiner *großen, haarigen Hand* zu halten.

DIE BESCHREIBUNG
11 Unterrichtseinheiten mit fix und fertigen Kopiervorlagen – Bestell-Nr. 10 900
KOHL VERLAG

Der Autor stellt seine Figur dadurch so anschaulich vor, dass er zunächst sagt, was nicht der Fall ist, ehe er Einzelheiten hervorhebt. Dann widmet er sich diesen Details und führt sie „in Aktion“ vor oder verdeutlicht sie durch einen Vergleich.

c) Gliederung: 1. Keine bestimmten Merkmale; 2. Anzeichen von Schüchternheit; 3. Lächeln, Gesicht, Augen; 4. Haartracht, Bart und Wangen; 5. Gesamtgestalt (Größe; Gestalt); 6. Kleidung und durch sie hervorgerufener Eindruck; 7. Besonderheiten: dünne, silberne Uhrenkette; eleganter Regenschirm; große, haarige Hände

Aufgabe 3:

a) Individuelle Lösungen.

b) Es wurden im zweiten Text „flüssige“ Sätze geschrieben, die mit unterschiedlichen Adjektiven beschreiben. Auch die Satzanfänge und Übergänge sind lebendig gestaltet und sind so abwechslungsreich. Mit treffenden Verben wird beschrieben.

c) Individuelle Lösungen.

Aufgabe 4: Dieser abgebildete Zauberer besticht durch sein fröhliches Lachen. Seine Haare und sein langer Bart sehen sehr gepflegt aus. Eine dicke Nase und große Augen vervollständigen das Gesamtbild. Auf der Nase trägt er eine halbrunde Glasbrille. Der lange Zylinderhut – typisch für Zauberer – mit vielen Sternen beklebt, und sein runder Zauberstab in der linken Hand lassen erkennen, dass er gerade in Aktion ist. Der lange Mantel mit vielen weißen Knöpfen hängt offen herab. Ein langer Rock fällt fast bis auf seine großen Schuhe. Seine rechte Hand zeigt auf seinen Bauch. Beide Hände haben nur 4 Finger.

11

Aufgabe 1: Die hier abgebildete Person zeigt uns nicht genau, ob sie weiblich oder männlich ist. Sie ist ein Punker. Der Kopf ist fast kahl, nur ein langer, hochstehender Haarbausch schmückt ihn. Seine Augen und auch sein Mund sind stark geschminkt, fünf schwarze Punkte auf jeder Gesichtshälfte. An seinem rechten Ohr trägt er einen sechsgliedrigen Ohrring aus silbrigem Metall. An seinem linken Ohr sehen wir einen kleinen runden Ohrring. An der linken Oberlippe hat er einen Piercingring. Die Lippen sind dunkel und stark geschminkt. Eine halslose Weste mit 7 Knöpfen trägt er am Oberkörper. Sein Bauchnabel wird davon nicht bedeckt. Der rechte Ärmel ist halb abgeschnitten. Dadurch kann man seine Tätowierung oberhalb des Ellbogens erkennen, einen Totenkopf mit zwei gekreuzten Knochen. Ein breiter Steckgürtel mit einer großen Schnalle ziert seine Hüfte.

Aufgabe 2: Individuelle Lösungen.

11

Aufgabe 3: Die abgebildete Frau zeigt einen sehr skeptischen Gesichtsausdruck. Ihr schmaler Mund verstärkt diesen Eindruck noch. Eine breite Nase, die unten schmal ausläuft, prägt ihr Gesicht. Am linken Ohr ist ein kleiner Ohrstecker, etwas weiter als üblich, nach hinten versetzt – fast wie in einem zweiten Ohrloch. Die Augen der Frau blicken forschend. Ihre halblangen dunkelblonden Haare hängen zu beiden Seiten herab, ein fast nur angedeuteter Scheitel teilt das üppige Haar leicht linksversetzt. Ein Pony ist nach rechts gekämmt. Unzählige Sommersprossen sind auf ihrem Gesicht verteilt. Sie trägt einen Mantel, der nur sehr lässig zugeknöpft ist. Der Kragen auf der linken Seite ist nach innen geschlagen. Der Mantel, ein Trenchcoat, hat einen Kragen wie ein Hemd und Schulterklappen. Zwei Knöpfe und ein kleiner Knopf auf der linken Seite sind dunkler als der helle Mantel.

KOHL VERLAG DIE BESCHREIBUNG 11 Unterrichtseinheiten mit fix und fertigen Kopiervorlagen • Bestell-Nr. 10 900

Die Aufsatzreihe Freies Schreiben

... mit fix & fertigen Stundenbildern

Aufsätze überhaupt und freies Schreiben sowieso stellen für manche Schüler in der Sekundarstufe eine große Herausforderung dar. Selbst der Schwächste kann durch gezielte Übungen jedoch durchaus auch passable Ergebnisse erzielen!

Die beliebte Lernreihe „Freies Schreiben“ unterstützt Sie und Ihre Schüler beim täglichen Aufsatzunterricht. Jedes der Themenhefte enthält ***fertig ausgearbeitete*** und ***sofort einsetzbare Stundenbilder*** sowie dazu passende Kopiervorlagen zum selbstständigen Arbeiten.

Das sind Klasse(n) Aufsatzstunden für intensiven, kreativen und nachhaltigen Deutschunterricht in der Sekundarstufe!

Paket Nr. 40 138 139,90 €

alle Stufen

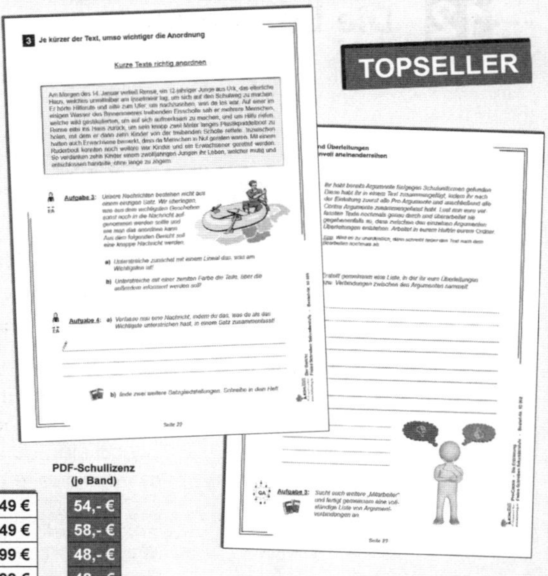

TOPSELLER

UE = Unterrichtseinheiten

Titel	Nr.	Preis	PDF Nr.	PDF Preis	PDF-Schullizenz (je Band)
Die Inhaltsangabe (60 Seiten, 8 UE)	Nr. 10 898	16,80 €	Nr. P10 898	13,49 €	54,- €
Der Bericht (72 Seiten, 12 UE)	Nr. 10 899	17,80 €	Nr. P10 899	14,49 €	58,- €
Die Beschreibung (56 Seiten, 11 UE)	Nr. 10 900	14,90 €	Nr. P10 900	11,99 €	48,- €
Die Nacherzählung (48 Seiten, 8 UE)	Nr. 10 901	14,90 €	Nr. P10 901	11,99 €	48,- €
Pro/Contra – Die Erörterung (48 S., 6 UE)	Nr. 10 902	14,90 €	Nr. P10 902	11,99 €	48,- €
Das Protokoll (48 Seiten, 3 UE)	Nr. 10 903	14,90 €	Nr. P10 903	11,99 €	48,- €
Das Referat (64 Seiten, 6 UE)	Nr. 10 904	15,90 €	Nr. P10 904	12,49 €	50,- €
Die Funktionsbeschreibung (40 S., 5 UE)	Nr. 11 001	13,90 €	Nr. P11 001	10,99 €	44,- €
Fabeln – deuten, verändern, erfinden (48 S., 10 UE)	Nr. 11 217	14,80 €	Nr. P11 217	11,99 €	48,- €
Die Fantasie- und Erlebniserzählung (56 S., 10 UE)	Nr. 11 279	15,80 €	Nr. P11 279	12,49 €	50,- €

Textkompetenz kinderleicht

Aufsatzbeurteilung

Schnell, sicher & fair!

Ein hilfreicher Ratgeber bei der Bewertung von Klassenaufsätzen. Eine sinnvolle Ergänzung zur Aufsatzreihe **„Freies Schreiben“**!

Schnell, einfach & transparent Aufsätze korrigieren!

alle Stufen | 56

		PDF-Schullizenz
Nr. 10 029	15,80 €	
Nr. P10 029	12,49 €	50,- €

Die Rache des Postboten ...

Freies Schreiben anhand kurioser Geschichten

Kuriose Geschichten aus dem Alltag, die Ihre Schüler zum freien Schreiben anregen werden. Mit gezielten Aufgabenstellungen zum vorhandenen Textmaterial werden die Schüler an die Hand genommen, um Schritt für Schritt zum kreativen Schreiben geführt zu werden. Wichtig ist hierbei, dass die Schüler nicht nur mit einer Textart, sondern vom Verfassen einer wörtlichen Rede über einen Erlebnisbericht bis hin zur Erörterung mit unterschiedlichsten Textarten in Berührung kommen.

5.-6. Klasse | 44

		PDF-Schullizenz
Nr. 10 710	12,80 €	
Nr. P10 710	10,49 €	42,- €

Szenen schreiben ... aber gründlich!

Bühne frei für eigene Ideen

Anleitungen zum Verfassen eigener Dialoge und Spielszenen, zum Dramatisieren von Erzähltexten und Gedichten. Ein Bühnenworkshop ermutigt zum „großen Auftritt“. Material für einen sorgfältigen Sprach- & Literaturunterricht, der sich auf einzelne Lerngegenstände intensiv einlässt, umfassende Übungsphasen anbietet und die Möglichkeit gibt, Sachverhalte zu hinterfragen und eigene Wege der Vertiefung zu gehen.

5.-6. Klasse | 56

		PDF-Schullizenz
Nr. 11 360	15,80 €	
Nr. P11 360	12,49 €	50,- €

Aufsätze an Stationen

Individuelles Lernen • Differenzierung

Jeder Kopiervorlagenband beschäftigt sich mit dem Schreiben von Aufsätzen, die untrennbar zum Deutschunterricht dazugehören. Es wird aufgezeigt, wie sachlich richtige Texte mit erkennbarer innerer Anteilnahme gestaltet werden können. Die Benutzung der richtigen Zeitformen sowie einer abwechslungsreichen Sprache sind damit eng verbunden.

Die Stationenarbeit motiviert und fördert individuelle Lernplanungen. Die Bewertung der Aufsätze erfolgt auf eine für Schüler nachvollziehbare und wenig subjektive Art - eine Neuheit des Aufsatzunterrichts.

➔ strukturiert
➔ verständlich
➔ motivierend

64

Klasse	Nr.	Preis	PDF-Schullizenz (je Band)
5.-6. Klasse	Nr. 11 726	16,80 €	
	Nr. P11 726	13,49 €	
7.-9. Klasse	Nr. 11 761	16,80 €	
	Nr. P11 761	13,49 €	54,- €

Balladen ... aber gründlich!

Bühne frei für eigene Ideen

Balladen regen zum Träumen an. Sie beflügeln die Fantasie und sind bei den meisten Schülern als Textform beliebt. Der Band gibt Anregungen, wie mit Balladen das Textverständnis gesteigert werden kann bis hin zu den Merkmalen, um eine Ballade zu erkennen. So werden sicher einige Ihrer Schülerinnen und Schüler selbst zu großen Balladenverfassern.

6.-8. Klasse | 56

		PDF-Schullizenz
Nr. 11 590	15,80 €	
Nr. P11 590	12,49 €	50,- €

Bildergeschichten an Stationen

Acht Bildergeschichten werden in motivierenden Illustrationen dargestellt. Die Kinder bestimmen individuell ihr Lerntempo und suchen sich das in verschiedenen Schwierigkeitsstufen bereitgestellte Material für die Weiterarbeit aus. Jede Geschichte wird an mehreren Stationen erarbeitet und bietet abwechslungsreiche Übungen an, die Lernzuwachs und persönliche Erfolgserlebnisse garantieren.

5.-6. Klasse — 64 Seiten

Buch	Nr. 11 762	16,80 €
PDF	Nr. P11 762	13,49 €

PDF-Schullizenz 54,- €

Witzige Cartoons
- erarbeiten
- vervollständigen
- selbst gestalten

37 Bildergeschichten mit Babs (H)und Nick

37 Bildergeschichten rund um zwei Geschwister und deren Hun Nick liefern Schreibanlässe in Form von unvollständigen Bilder geschichten und regen zum Nacherzählen und Formulieren an Dabei wird das Ende jeder Bildergeschichte selbst erfunden. Da fördert Fantasie und Kreativität! ***Zusätzlich dienen di Bildergeschichten auch als Grundlage für das Ent werfen eigener Cartoons.***

5.-6. Klasse — 56 Seiten

Buch	Nr. 10 720	13,80 €
PDF	Nr. P10 720	10,99 €

PDF-Schulli 44,- €

Teilbilder zum Suchen & Malen

Das Entdecker-Erfinder-Buch

Zu den interessanten, halbfertigen Bildern sind Fantasie, Entdecker- und Künstlergeist der Kinder gefragt! Sie werden dabei lernen, gezielt nach Dingen zu suchen, diese weiterzumalen und zu vervollständigen. Ebenso wird die Sprache gefördert – im Umgang mit Bildern muss sich ein Kind so präzise wie möglich ausdrücken. ***Mit Anlässen zum freien Schreiben und der Gestaltung eines eigenen Bild-Wörterbuches.***

5.-6. Klasse — 72 Seiten

Buch	Nr. 11 231	17,80 €
PDF	Nr. P11 231	14,49 €

PDF-Schullizenz 58,- €

Auf die Bilder, fertig, los!

Bilder, Bildergeschichten & Wimmelbilder

Lustige, märchenhafte und nachdenkliche Geschichten ... zu je weils 1-4 Bildern, zu Wimmelbildern, Ausmalbildern ... werde Geschichten erfunden. Anregungen zum Erzählen und Gestalte sowie Ideen zu den verschiedenen Ansichtsweisen sind vorhan den. Die 20 Einheiten fördern das freie Schreiben.

5.-6. Klasse — 48 Seiten

Buch	Nr. 11 575	14,80 €
PDF	Nr. P11 575	11,99 €

PDF-Schulli 48,- €

Grimms Hörwerkstatt

Die *etwas andere* Märchenkiste

Eine Hörwerkstatt mit erzählten, gelesenen oder gespielten Märchen, die zusätzlich Arbeitsblätter und Ideen zur Umsetzung enthält. Es wird gehört, verstanden, gelesen, gebastelt, gemalt, erfunden, erzählt, besprochen, formuliert ... So bekommen Grimms wunderschöne Märchen ganz schnell frischen Schwung! ***Deutschunterricht, der Freude bereitet!***

5.-6. Klasse — 56 Seiten

Buch	Nr. 11 443	19,80 €
PDF	Nr. P11 443	15,99 €

PDF-Schullizenz 64,- €

LWST Märchen, Fabeln & Sagen

Die Arbeitsblätter inspirieren zum **kreativen Schreiben** und zum Umgang mit **Fantasie.** Die einzelnen Aufgaben gehen neben den verkürzten Inhalten der Märchen, Fabeln & Sagen auch au **Textverständnis** und **Sinn** ein. Zusätzlich lockern **Spiele** der Unterricht auf. ***Ein abschließender Wissenstest reflektiert und festigt das Gelernte!***

5.-7. Klasse — 68 Seiten

Buch	Nr. 10 857	16,80 €
PDF	Nr. P10 857	13,49 €

PDF-Schulli 54,- €

Wochenplan MÄRCHEN

Jede Woche in fünf Einheiten auf einem Bogen. Die Märchentexte eignen sich für den Schwerpunkt einer handlungs- und produktorientierten Textarbeit. Neben der Erarbeitung der typischen Märchenmerkmale wird das Handwerkszeug für die individuelle Gestaltung und Präsentation der Texte vermittelt. Durch die einfache Struktur und den hohen Dialoganteil lassen sich die Vorlagen auch spielerisch und kreativ bei hoher Motivation darstellen.

5.-6. Klasse — 64 Seiten

Buch	Nr. 11 656	16,80 €
PDF	Nr. P11 656	13,49 €

PDF-Schullizenz 54,- €

Die Erbse auf der Prinzessin

Andersens Märchen kreativ erschließen

Märchenleselust wird entfesselt, wenn Schreib- und Gestaltungs ideen dazu anregen, Prinzessinnen zum Erbsen-Casting bei de künftigen Schwiegermutter zu begleiten oder mit der kleinen Meer jungfrau in eine Phantasiewelt abzutauchen. Andersens Märchen werden als moderne Beziehungsgeschichten betrachtet, in denen uns Blender und Betrüger, Wahrheit und Zivil courage begegnen.

BF

5.-7. Klasse — 48 Seiten

Buch	Nr. 10 991	13,80 €
PDF	Nr. P10 991	10,99 €

PDF-Schulli 44,- €

Wochenplan SAGEN

Jede Woche in fünf Einheiten auf einem Bogen. Individuelles Vorgehen wird mit motivierenden und schülerorientierten Texten vermittelt. Merkmale von Sagen und die Unterschiede von Sagen und Märchen werden thematisiert. Als Lernzuwachs und Ziel dieser offenen Unterrichtsform gilt: Förderung der Sprech- und Schreibkompetenz, Entwicklung von Textverständnis, Stärkung der Lesemotivation und Sensibilisierung für die literarische Textgattung „Sagen".

5.-6. Klasse — 64 Seiten

Buch	Nr. 11 657	16,80 €
PDF	Nr. P11 657	13,49 €

PDF-Schullizenz 54,- €

Das Gruselschloss ... Die Klasse als Autor

Projektarbeit: Gemeinsam ein Buch schreiben

Das Material motiviert zum Schreiben und Lesen durch seine zahl reichen Ideen in Form von Schatzkarten, Grundrissplänen, Figu renkarten ... . Die Schüler werden dadurch zum freien Schreiben und aufmerksamen Lesen angeregt. Das ***Begleitmaterial*** liefert Schreibimpulse zum Verfassen eigener Texte. Mit diesen selbst verfassten Texten iden tifiziert man sich und wird selbst im eigenen Selbstbe wusstsein gestärkt!

BF

5.-7. Klasse — 48 Seiten

Buch	Nr. 11 145	16,80 €
PDF	Nr. P11 145	13,49 €

PDF-Schulli 54,- €

Wochenplan FABELN

NEU

Jede Woche in fünf Einheiten auf einem Bogen. Nach Erarbeitung der Merkmale von Fabeln werden an Textbeispielen wesentliche Inhalte des Themenbereichs Fabel geübt und in den Vordergrund gestellt. Neben der Entwicklung von Textverständnis und Stärkung der Lesemotivation wird der Vergleich mit menschlichen Verhaltensweisen ebenfalls thematisiert. Die kurzen Texte eignen sich hervorragend für Rollenspiele und weiterführende Darstellungen.

Lieferbar ab Dez. 2015

5.-6. Klasse — 64 Seiten

Buch	Nr. 11 792	16,80 €
PDF	Nr. P11 792	13,49 €

PDF-Schullizenz 54,- €

„Was soll aus dir mal werden?"

Diskutieren lernen, Stellung beziehen, eine eigene Meinung bilden

Hier werden ***REIZTHEMEN***, die uns täglich in Anspruch nehmen, aufgegriffen und abwechslungsreich verarbeitet. Die Schüler werden dazu aufgefordert, sich mit dem jeweiligen Thema auseinanderzusetzen. Dabei sind eigene Schlüsse und individuelle Interpretationen gefragt.

5.-8. Klasse — 48 Seiten

Buch	Nr. 14 097	12,80 €
PDF	Nr. P14 097	10,49 €

PDF-Schulliz 42,- €